発達に合わせた **0・1・2歳児の**

# 運動あそび

栁澤友希 著

ナツメ社

# 「運動する」って やっぱり楽しい！

　幼少期の出来事で、とても印象に残っていることがあります。それは「一輪車」の思い出。わたしの父は「柳沢運動プログラム®」の創始者として指導や研究を行っている栁澤秋孝です。一般的な印象で言うと、運動は得意でなんでもこなせるイメージだと思いますが、幼いわたしにできて、父にできない運動が1つだけありました。それが「一輪車」。当時わたしが通っていた幼稚園や小学校では一輪車が置いてあって、大人気のあそび道具でした。我が家でも一輪車を買ってもらい、よくあそんだものです。ある日、父が一輪車にまたがって走ってみようとしました。しかしすぐにバランスを崩してしまい、まったく乗れないのです！　幼いわたしは、とても悔しがる父の姿を見て、得意になった記憶があります。月日が過ぎてわたしも大人になり、再び一輪車に乗る機会がありました。最初は

戸惑ったものの、少し練習したらあっという間に乗れるようになりました。このときに「幼い頃に習得した動きは大人になっても残っている」ということを実感したのです。父は幼少期に一輪車を経験していません。ですから、大人になっても乗れず、幼い頃に一輪車を経験しているわたしは、大人になっても乗れるというわけです。

　幼い頃の体を動かす経験は、大人になっても財産として残ります。だから子どものうちにたくさん体を動かし「運動する」って楽しいね！　と思ってもらうことが大切なのです。

　現在、わたしも体操教室を通してさまざまな子どもたちと触れ合うことがあります。そのなかで感じていることは「小さなけがを怖がっていたら何もできない」ということです。思い切り体を動かすことが好きで、体が柔らかい子は転んで膝をすりむくことはあっても大きなけがはしません。しかし、小さなけがを怖がって何もしない子は、体が硬く、腕の力も弱く、ただ転んだだけでもあごを打ったり足を骨折したりして大きなけがにつながってしまうのです。そうなると怖いから、無理はしない。けがをしないように動かない。…悪循環ですね。挑戦してできた小さなけがは勲章です。大きなけがをしないためにも、体を動かし、体幹を鍛えて、運動するって楽しいね！　と思う子どもに育てましょう！

栁澤友希

# 「運動」には こんなメリットがある

小さな頃から体を動かす習慣があると、「運動」することに対しておっくうになったりコンプレックスを感じたりすることが少なくなります。体を動かすことには、たくさんのメリットがありますので、ぜひ毎日の保育に取り入れてください。

## メリット 1
### 「友達」との関係を楽しむ

いきいきと運動に取り組む友達の姿は、運動の意欲を育てるだけでなく、応援したりされたりする喜びを味わったり、「○○ちゃんには負けたくない」という競争心を味わったりします。運動あそびをする上で、友達の存在はとても大切なのです。

## メリット 2
### 保育者との愛着関係を育む

保育者の楽しそうなお手本を見て、同じようにやってみたい！ と思ったり、ちょっと怖いときは保育者がやさしくサポートしてくれたり。大好きな保育者がそばにいてくれるから、がんばって挑戦する気持ちになります。これが子どもと保育者の愛着関係。できたときは子どもといっしょにたくさん喜んでください。

### メリット 3
## 達成感を味わう

「難しいかな」と思ってもやってみたらできちゃった！ 先生にほめてもらえた！ きのうは怖くてできなかったけど、きょうは思い切ってやってみたらできた！ こんな経験を通して得た達成感は格別です。自信につながり、また次へ進むきっかけとなります。

### メリット 4
## 挑戦する意欲を育てる

「挑戦する」ことは、人生を豊かにします。失敗してもあきらめないで、また挑戦すれば、次はできるかもしれません。しかし、挑戦をやめてしまえば、人生はそこまで。運動あそびには、「失敗」という経験もつきものですが、失敗があるからこそ挑戦する意欲を育てるのです。

# 0・1・2歳で育みたい 5つの基本運動

自分の体を自由に使えるようになるには、体を動かす経験が大切です。そうすることによって、自分の体の可動域や動かし方がわかるようになるのです。まずは基本の動きとなる「5つの力」をバランスよく経験できるようにしましょう。

## 柔軟性

乳幼児期から持続して取り組むことで、体の柔らかさを維持できます。体が柔らかいと安全に運動できる基本の力が身につきます。

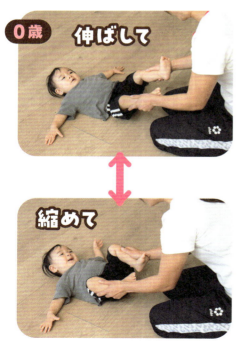

足を伸ばしたり縮めたりして体の柔らかさを実感できるようにします。乳児は体がとても柔らかく未完成なので、無理に足を引っ張らないように注意して行いましょう。

足を伸ばして閉じたり広げたりする動作を通して、自分の足の可動域を知ることができます。繰り返しあそぶことで、可動域が徐々に広がります。

# バランス

不安定な場所でもきちんと立ったり、よい姿勢を保ったりできるのも、体のバランス力が備わっているからです。体幹を意識して体を動かしてみましょう。

**0歳**

不安定な場所に立つあそびは、体幹を使って、バランスをとる第一歩。保育者はわきの下をそっと支えながらサポートしましょう。

**2歳** おっとっと

自分で立てるようになったら、不安定な場所でバランスを取りながら立つことに挑戦してみましょう。両手を広げるとバランスがとりやすいことに気づきます。

**1歳** ぴ〜ん！

下半身を支えてもらうことで、子どもは自然とおなかに力が入り体をまっすぐに保ち、自らバランスをとろうとします。

**0歳**

背筋や腹筋を鍛えるあそびにも挑戦しましょう。体幹を養うためには、背筋と腹筋を鍛えることが大切です。

## 支える

上半身と腕の力をつけて体を支えましょう。「支持力」といいますが、この力を育てることで転んだときに手をついて体を守る、高い所によじ登るなどの動作ができるようになります。

**0歳**

ハイハイの時期に、片手で体を支えながら、もう片方の手で物をつかむなど、操作する力を養いましょう。支持力と同時にバランス力もつきます。

体を支えて進むハイハイは、この時期の子どもにもっとも経験してほしい運動。立ち上がることができるようになると歩くことを優先してしまいますが、支持力を育てるのにハイハイは最適です。

**1歳**

クマだぞ～

**1歳**

おしりを高く上げ、膝を床につかずに歩く「クマさん歩き」は、足の力も腕の力も育てます。このとき、手のひらを床にしっかりつけて行うと腕で支える力（支持力）を身につけることができます。

**2歳**

腕の力が育ってきたら、両腕で体を支えながら上半身をそらし、足を曲げてエビのようなポーズをとる運動にも挑戦しましょう。支持力とともに柔軟性も育てます。

# 引きつける

手、腕、肩、胸の力を養う運動です。押す、ぶら下がる、よじ登るなどの力に発展します。鉄棒の基礎もこの力をつけることでできるようになります。

**0歳**

あお向けに寝て、腕の力だけを使って物を引っ張るあそびで引きつける力を育てます。この力がつくと、今後鉄棒の基礎となる懸垂力が身につきます。

**1歳**

ぴょ～ん

自分の体を両手で支えてぶら下がる力は、腕や胸のまわりの筋力を育てます。鉄棒がない場所でも代用することで、ぶら下がる力が身につきます。

**2歳**

手、腕、胸の筋力を全て使ってしがみつく運動あそびです。手の力だけでなく、腕、胸など体のさまざまな筋力が身についていないとできないあそびです。

ぶら～ん

**1歳**

物を手で支えながら動かすことは、同時に2つの動作ができてはじめてできるようになります。また、押す対象物により、体の使い方が変化するので、いろいろな箱を押してあそびましょう。

## 走る・跳ぶ

保育者に支えてもらいながら「跳ぶ」などの動きを経験したら、自分の力で走る・跳ぶ動きに挑戦しましょう。幼児期以降の運動の基礎にもなります。体をコントロールしながら移動する力が育つので、あそびの幅がぐっと広がります。

### 0歳

飛び跳ねるときに膝を曲げる経験はジャンプのコツを学びます。保育者がわきの下を支えてジャンプするタイミングをサポートしましょう。

### 1歳

ジャーンプ！

保育者といっしょにその場でジャンプ！膝を曲げて勢いをつけると高く跳べるという経験につながります。

### 2歳

こっち こっち

自分の体を調整しながら落ちてくるティッシュペーパーをキャッチ！ 対象物に合わせて動きながら走る運動は、オニごっこの基礎となる動きです。

### 2歳

ストップしたり進んだり。ただ走るだけでなく、さまざまな体の動きを加えることで、脚力とバランス力が育ちます。

# 基本の力を習得して「道具」を操作する力へ

自分の体を自由に使えるようになったら、今度は対象物をコントロールしながら動かす動作を身につけたいもの。幼児期以降の球技の基礎となります。体と対象物を連動させる能力などが育ちます。

## 力を調節しながらボールを転がす

下手投げでビニールボールを目標の場所まで転がすあそびです。自分の力を調節しながらちょうどよい距離にボールを転がす経験を通して、対象物をコントロールするには体をどう使ったらよいかを学びます。

## イメージ通りにボールを投げる

上手投げでビニールボールを輪の中に通すあそびです。体の使い方を調節しながら、イメージ通りにボールを飛ばすにはどうしたらよいかを、経験を通して学びます。少しずつ難易度をアップさせ、投げる力を身につけましょう。

# 0・1・2歳児の 発達目安

| 0か月 | 3か月 | 6か月 | 9か月 |

## 体の発達

- あお向けの姿勢で動く物を目で追う「追視」がはじまる
- 首がすわりはじめる
- 足腰がしっかりしてきて寝返りができるようになる
- ハイハイで移動する
- 「目と手の協応」がはじまる
- おすわりができるようになる
- つかんだ物を持ちかえる

## 心の発達

- 物や人を注視する
- 「あー」「うー」などの声を発する
- 眠っているときにほほえんでいるような表情をうかべる
- 「ちょうだい」などと言われると持っている物を差し出す
- 見慣れている人には笑顔を見せるが、知らない人には顔をじっと見るなど、人見知りがはじまる
- 人見知りや後追いが激しくなる子もいる

一生のうちで、心身ともに最も発達する時期です。生まれたときは寝ている状態ですが、2歳になると、元気に走ったりジャンプしたりできるようになります。感情も豊かになり、自我の芽生えとともに、言葉も少しずつ話せるようになります。いずれも、発達のスピードは個人差があります。子どもを月齢だけで見ず、目の前の子一人ひとりの様子を見極めて運動あそびにつなげてください。

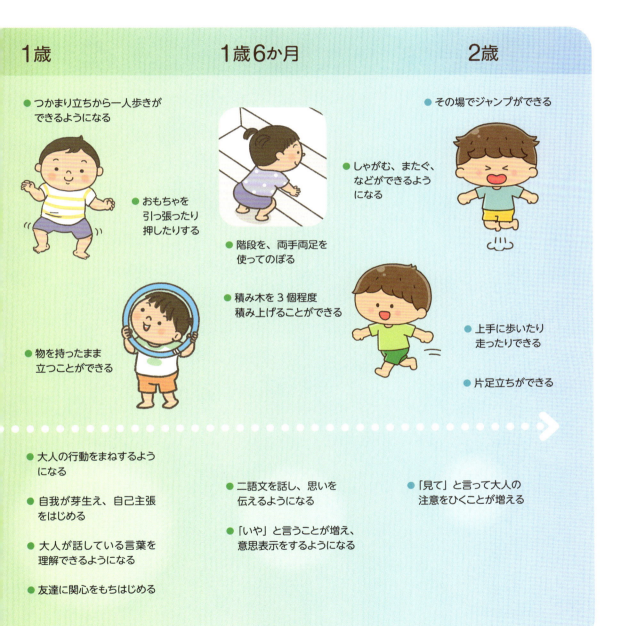

## 1歳

- つかまり立ちから一人歩きができるようになる
- おもちゃを引っ張ったり押したりする
- 物を持ったまま立つことができる
- 大人の行動をまねするようになる
- 自我が芽生え、自己主張をはじめる
- 大人が話している言葉を理解できるようになる
- 友達に関心をもちはじめる

## 1歳6か月

- しゃがむ、またぐ、などができるようになる
- 階段を、両手両足を使ってのぼる
- 積み木を3個程度積み上げることができる
- 二語文を話し、思いを伝えるようになる
- 「いや」と言うことが増え、意思表示をするようになる

## 2歳

- その場でジャンプができる
- 上手に歩いたり走ったりできる
- 片足立ちができる
- 「見て」と言って大人の注意をひくことが増える

# 運動あそびをもっと楽しくする
## 便利アイテム

鉄棒やマット、跳び箱などの運動器具でなくても、身近な物の一工夫で運動あそびはもっと盛り上がります。そんな便利アイテムをご紹介しましょう。

### 長なわ
なわ跳びをするだけではなく、丸く形づくって線路に見立てたり、2本並べて道路にしたりと使い方は自由自在。カラーを数種類そろえるとさらに便利です。

### ペットボトルのキャップ
ペットボトルのキャップを2〜3個組み合わせて、ビニールテープでしっかりとめます。中に磁石を貼っておくと、キャップどうしがくっついて楽しいです。

### フープ
転がしたり、床に置いて弾地にしたり。カラフルなので色分けも楽しいです。汚れを簡単に拭き取れるので、外あそびにも役立ちます。

### 風船
子どもたちが大好きなおもちゃの1つ。ビニールテープを3〜4周程度巻いて使うと丈夫になり、素材はやわらかいのでボールの代わりとして楽しめます。

### ぶら下がり棒
ラップ芯など、硬めの芯にビニールテープを巻きつけて補強した棒は、0・1・2歳児なら支えられる強度です。保育者が持って子どもがぶら下がるあそびに便利です。

### プリンやゼリーのカップ

子どもの手のひらにぴったり収まるサイズのカップにビニールテープで飾りつけをしましょう。手で握りながらハイハイやクマさん歩きをすると、いい音がしますよ。

### プールスティック

100円ショップにもあるプールスティックは、筒状の軽い棒なので安全。丸くつなげてフープのような輪にしたり、マットの下に並べて揺れる床を作ったりと工夫の幅が広がります。輪にするときは、筒の中に割り箸などを入れて補強すると長持ちします。

### バスタオル・フェイスタオル

手軽なマットのように、上に乗って床の上をすべったり、結び目を作りながら2枚つなげてつるのようにして上ったり。使い方はさまざまです。

### ペットボトル

ボーリングのピンのかわりに使うだけでなく、横にしてたくさんつなげ、上を歩いてみても楽しいです。やわらかい素材や硬い素材があるので、用途に合わせて使い方を工夫しましょう。

### 梱包用の気泡緩衝材

40cm四方程度に切って人数分作り、子どもたち一人ひとりが「自分のもの」としてあそべるようにします。踏んでプチプチとつぶす快感を楽しみましょう。

### ホースの輪

ホームセンターなどで売っているホースをビニールテープで輪にした物です。素材がやわらかいので子どもの手にも握りやすいのが特徴。用途に合わせて大きさを調節できるのも便利です。透明のものは中にビーズなどを入れると動くので月齢の低い子の興味をひきます。

### ビニールボール

やわらかくて軽いので、子どもにも握りやすく便利です。新聞紙を丸めてビニールテープを巻いたボールでも代用可能です。

15

# もくじ

「運動する」ってやっぱり楽しい！ ・・・・・・・・・2
「運動」にはこんなメリットがある ・・・・・・・・4

0・1・2歳で育みたい5つの基本運動 ・・・・・・・6
柔軟性／バランス／支える／引きつける／走る・跳ぶ／
基本の力を習得して「道具」を操作する力へ

0・1・2歳児の発達目安 ・・・・・・・・・・・・12
運動あそびをもっと楽しくする便利アイテム ・・・14
本書の使い方 ・・・・・・・・・・・・・・・・・19

## 0歳児の運動あそび

### 1〜3か月

のびのびピーン！ ・・・・・・・・・・・・22
にぎにぎハーイ ・・・・・・・・・・・・23
足の裏をもみもみ ・・・・・・・・・・・・23
足を伸ばしてシャラン！ ・・・・・・・・・・24
ギュッとにぎって ・・・・・・・・・・・・25
ハイタッチ！ ・・・・・・・・・・・・・・26
いないいないばぁ！ ・・・・・・・・・・・27

### 4〜7か月

お膝でおすわり ・・・・・・・・・・・・・28
寝返りレッスン ・・・・・・・・・・・・・29
だるまさんグラグラ ・・・・・・・・・・・30
歌いながらガタンゴトン ・・・・・・・・・30
ボールくるくる ・・・・・・・・・・・・・31
お膝で立っち ・・・・・・・・・・・・・・31
ここはどこかな？ ・・・・・・・・・・・・32
風船ボール ・・・・・・・・・・・・・・・33
ゆらゆらざっぷん ・・・・・・・・・・・・34
バスタオルでGOGO ・・・・・・・・・・35
タンバリンタッチ ・・・・・・・・・・・・36
**外あそび** 鉄棒タッチできるかな ・・・・・・・37
**外あそび** ブランコゆらゆら ・・・・・・・・・37

### 8〜11か月

いっしょにぎっこんばったん ・・・・・・・・・38
抱っこでエレベーター ・・・・・・・・・・・39
お膝の上で高い高い ・・・・・・・・・・・・39
抱っこで上に下に ・・・・・・・・・・・・・40
ハイハイ山登り ・・・・・・・・・・・・・・41
ハイハイボーリング ・・・・・・・・・・・・42
抱っこでぴょん ・・・・・・・・・・・・・・43
ボール待て待て ・・・・・・・・・・・・・・43
引っ張れ、引っ張れ ・・・・・・・・・・・・44
だるま転がり ・・・・・・・・・・・・・・・45
プリンのカップでパカパカ ・・・・・・・・・46
**外あそび** 鉄棒につかまれ！ ・・・・・・・・47
**外あそび** でこぼこ砂場 ・・・・・・・・・・47

運動会種目 ・・・・・・・・・・・・・・・・48
日案（参観日／運動会前） ・・・・・・・・・・52
毎日のちょこっと運動あそび ・・・・・・・・・54

## 1歳児の運動あそび

### 1歳児前半

- ブラブラ〜タッチ ・・・・・・・・・・・・・・・58
- 肩からくるり ・・・・・・・・・・・・・・・・・59
- 足をパッピッ ・・・・・・・・・・・・・・・・・60
- 輪っかの中からこんにちは！ ・・・・・・・・・60
- 抱っこでストン！ ・・・・・・・・・・・・・・61
- ゆらゆらマット ・・・・・・・・・・・・・・・62
- 片足でゆらゆら ・・・・・・・・・・・・・・・63
- 動物ハイハイ ・・・・・・・・・・・・・・・・64
- トンネルくぐり ・・・・・・・・・・・・・・・65
- 階段よいしょ ・・・・・・・・・・・・・・・・66
- フープの上をジャンプ ・・・・・・・・・・・・67
- 山へジャンプ ・・・・・・・・・・・・・・・・68
- いっしょにジャンプ ・・・・・・・・・・・・・69
- 鉄棒ゆらゆら ・・・・・・・・・・・・・・・・70
- 人間クレーン ・・・・・・・・・・・・・・・・71
- 人間ブランコ ・・・・・・・・・・・・・・・・72
- マットを倒そう ・・・・・・・・・・・・・・・73
- 荷物を運ぼう ・・・・・・・・・・・・・・・・74
- **外あそび** すべり台電車 ・・・・・・・・・・75
- **外あそび** まるまる、どこのまる？ ・・・・・75

### 1歳児後半

- 指先タッチ ・・・・・・・・・・・・・・・・・76
- 飛行機ヒューン ・・・・・・・・・・・・・・・77
- 「こんにちは」でぺこり ・・・・・・・・・・・78
- 跳び箱登山 ・・・・・・・・・・・・・・・・・79
- 飛行機バランス ・・・・・・・・・・・・・・・80
- 波のり背中 ・・・・・・・・・・・・・・・・・81
- 丸太から落ちないで ・・・・・・・・・・・・・82
- 積み木の上をGO ・・・・・・・・・・・・・・83
- トンネルくぐろう ・・・・・・・・・・・・・・84
- クマさん歩きでタッチ！ ・・・・・・・・・・・85
- ワニの荷物運び ・・・・・・・・・・・・・・・86
- 輪っかで引っ張れ ・・・・・・・・・・・・・・87
- ぶら下がってゆらゆら ・・・・・・・・・・・・88
- 色を選んでGO！ ・・・・・・・・・・・・・・89
- 鉄棒ブランコ ・・・・・・・・・・・・・・・・90
- マットの山を進もう ・・・・・・・・・・・・・91
- こいのぼりを飛ばそう ・・・・・・・・・・・・92
- ハンドル持って運転手 ・・・・・・・・・・・・93
- 風船タッチできるかな ・・・・・・・・・・・・94
- **外あそび** 輪つなぎジャンプ ・・・・・・・・95
- **外あそび** ジャングルめいろ ・・・・・・・・95

- 運動会種目 ・・・・・・・・・・・・・・・・・96
- 日案（参観日／運動会前） ・・・・・・・・・100
- 毎日のちょこっと運動あそび ・・・・・・・・102

## 2歳児の運動あそび

### 走る ・・・・・・・・・・106
- クマさんぞうきん ・・・・・・・・・・108
- チョウチョウになってとまれ ・・・・・・・・・・109
- 長なわに沿っておいかけっこ ・・・・・・・・・・110
- ティッシュをキャッチ！ ・・・・・・・・・・111
- タオル電車で通り抜け ・・・・・・・・・・112
- 電車が走るよ ・・・・・・・・・・113
- ヘビを踏まずに進め ・・・・・・・・・・114
- ボールをひろってポン！ ・・・・・・・・・・115

### 引く・引きつける・押す ・・・・・・・116
- ミノムシごっこ ・・・・・・・・・・118
- ギュッとつかんでマット引き ・・・・・・・・・・119
- 怪獣に負けるな！ ・・・・・・・・・・120
- ワニさん歩きでトンネルくぐろう ・・・・・・・・・・121
- オニを動かせ！ ・・・・・・・・・・122
- 力いっぱい押そう ・・・・・・・・・・123

### 上る・下りる ・・・・・・・・・・124
- 背中の上でおっとっと ・・・・・・・・・・126
- 背中すべり台 ・・・・・・・・・・127
- タオルのつるをよじ登ろう ・・・・・・・・・・128
- 牛乳パックの階段から下りる ・・・・・・・・・・129
- 跳び箱から下りよう ・・・・・・・・・・130
- すねを下りよう ・・・・・・・・・・131

### 跳ぶ ・・・・・・・・・・132
- 手つなぎグーパー ・・・・・・・・・・134
- 大波小波をジャンプ ・・・・・・・・・・135
- 腕の橋を飛び越えろ ・・・・・・・・・・136
- 同じ色のフープにジャンプ ・・・・・・・・・・137
- ジャンプでタッチ！ ・・・・・・・・・・138
- 片足でピョンピョン ・・・・・・・・・・139
- マットの島から島へ ・・・・・・・・・・140
- プチプチつぶせるかな？ ・・・・・・・・・・141

### 転がす・投げる ・・・・・・・・・142
- テープにくっつけよう ・・・・・・・・・144
- ペットボトルボーリング ・・・・・・・・・145
- フープ転がし ・・・・・・・・・146
- フープの中にホールインワン ・・・・・・・・・147
- 輪のゴールに入るかな ・・・・・・・・・148
- 階段からコロコロ ・・・・・・・・・149

運動会種目 ・・・・・・・・・150
日案（参観日／運動会前） ・・・・・・・・・154
毎日のちょこっと運動あそび ・・・・・・・・・156

さくいん（身につく力一覧） ・・・・・・・・・158

## 本書の使い方

● **あそびプランの分け方**
0歳児は1～3か月、4～7か月、8～11か月に1歳児は前半と後半の月齢を目安にあそびプランを選んでもらえるようにしました。2歳児は月齢ではなく動きの種類で分類しました。この頃に心がけたい援助のポイントも紹介しています。

● **援助のコツ**
子どもが安全に楽しくあそぶための援助のコツやアドバイスを紹介しています。

● **言葉かけ**
子どもの興味を引き出すための保育者の言葉かけのアイデアです。

● **注意**
特に安全面で注意が必要なポイントです。

● **外あそびアイデアも**
0歳児、1歳児には、外あそびのアイデアも紹介しています。保育室のなかで安全にあそぶだけでなく、外に出てあそぶのも大切です。

● **身につく力をマークで**
動きはじめ、柔軟性、バランスなど13種類の身につく力をマークで表示しています。

● **アレンジも楽しんで**
メインのあそびを楽しんだら、さらに一工夫したアイデアで運動あそびを楽しみましょう。

● **運動会種目**
親子競技プランの提案です。該当年齢にこだわらず、子どもと保護者が楽しめそうなものを選んでください。

● **日案**
参観日と運動会前の練習日におすすめの運動あそびプランを日案にして紹介しています。

● **毎日のちょこっと運動あそび**
0・1・2歳児は、毎日の生活のなかで、気軽に体を動かす環境であることが理想です。ぜひルーティーンのなかに取り入れてみてください。

19

# 0歳児の運動あそび

安全性を確保しながら、保育者とのコミュニケーションを楽しむことが運動あそびの基本。子ども1人に対して保育者1人で向き合って行うことが大切です。子どもの表情を見ながら、楽しんで取り組めるよう配慮しましょう。

**抱っこで高い 高ーい**

わきの下を支えながら、持ち上げると視線が変わる!

**ぷよぷよしてる**

おすわりしながらふわふわした風船の感覚を楽しむ。

ズズズ…

バスタオルに乗ったら、保育者に引っ張ってもらおう。スピード感が楽しい！

### にぎってごらん
保育者に援助してもらいながら、道具を使う経験をしてみる。

### くっついた！
手で握れるちょうどよい大きさのおもちゃであそぶ！

### マットの山を進もう！
ハイハイが上手になったら、上り坂や下り坂に挑戦！

### 下り坂にも挑戦だ！
少し怖くても何度も挑戦するうちにできるようになる。

# 1～3か月

あお向けに寝ていて、動くものを目で追う「追視」が始まります。腹ばいにすると頭を持ち上げるようになります。

### 援助のポイント

- 首がすわるまでは、首と頭を手で支えましょう。
- 手に触れたものを握ったり、口に運んでなめて確認したりするので、安全な環境を心がけましょう。
- 動作の前には声かけをします。「あー」「うー」などの声を出し応答してくれることも。

## のびのびピーン！

動きはじめ

### 💛 援助のコツ
強くなりすぎないように、ゆっくりとやさしくさすります。

### 🎀 言葉かけ
のびのびピーン！しようね。気持ちがいいね

1. あお向けに寝かせます。
2. 声をかけながら子どもの肩から腰、つま先まで上から下へ何度もやさしくさすり、体がピーンと伸びるようにします。

#### アレンジ
**手足をピーン！**

全身をさする途中で、太ももを軽く押さえながらピーンと伸ばしてみましょう。また両手をバンザイするようにわきから伸ばします。

# にぎにぎハーイ

**動きはじめ**

0歳児 1〜3か月

### あそび方

1. 保育者の親指を子どもが握ります。保育者は子どもの手を包み込むように握り、片手ずつゆっくりとバンザイをするように子どもの腕を伸ばします。

2. 伸ばした手をおなかの前に持っていきます。❶❷を交互に繰り返します。

**注意**
無理に手を引っ張らないように気をつけましょう。

**言葉かけ**
手を伸ばそうね。
ばんさ〜い！

**アレンジ**
### 両手でハーイ
両手を持って同時にバンザイをするように腕を伸ばし、おなかの前にもっていきましょう。

---

# 足の裏をもみもみ

**動きはじめ**

### あそび方

1. 保育者は足首を片手で支えます。もう片方の手の親指の腹を使って子どもの足裏を刺激します。親指から小指に向かって順番に押していきましょう。

2. 指の付け根からかかとまで同様に押しましょう。

**援助のコツ**
足の裏は「反射区」といい、体の器管や内臓など全身につながるといわれる抹梢神経が集中しています。ていねいにもんでツボを刺激しましょう。

**言葉かけ**
気持ちいいいかな？
くすぐったいかな？
もみもみするよ

**アレンジ**
### 歌いながらもみもみ
同様の動作を「いっぽんばしこちょこちょ」（わらべうた）などをうたいながら行いましょう。

# 足を伸ばしてシャラン！

**動きはじめ**

**用意するもの** ● タンバリン

### あそび方

1. 子どもをあお向けに寝かせ、足元にタンバリンを置いておきましょう。保育者は、子どもの両足を両手で持ちます。

2. 子どもの太ももがおなかにつくように、ゆっくりと膝を曲げて、しばらくしてから伸ばします。

3. 子どもが足を伸ばしたときに、足先にタンバリンがあたって音が鳴るようにしましょう。

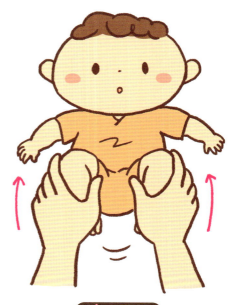

🗨 **言葉かけ**

足を伸ばすと、きれいな音が鳴るよ。
わぁ、きれいな音だね

**援助のコツ**

子どもが膝の曲げ伸ばしを嫌がるときは、無理に行わず、子どものペースで行いましょう。

### アレンジ

## 風船を蹴ろう

タンバリンではなく、風船を足元に置いて、伸ばしたときに風船が当たるようにしても楽しいです。

**援助のポイント**

足を伸ばした時に風船が当たるように、風船を置く位置を調整しましょう。また、風船にひもをつけておくと遠くに転がっていかないので便利です。

# ギュッとにぎって

0歳児　1〜3か月

### あそび方

1. 子どもの手のひらに保育者の親指を入れます。子どもは自然に保育者の親指を握ります。

2. 保育者も子どもの手を包み込むようにしてぎゅっと握り返しましょう。これを繰り返します。

### アレンジ
**人さし指をギュッ**

同様に人さし指を子どもの手のひらに乗せてみましょう。子どもがギュッと握ったら、そのまま人さし指を動かしてみましょう。

### ♥ 援助のコツ

子どもがギュッと握ることができなくても、保育者が握って手本を見せることで、わかるようになります。握る動作が思い通りにできるようになると、自分の手のひらをいっぱいに広げられるようになります。これが、その後のハイハイの動作につながっていきます。

### 📣 言葉かけ

指をギュッと握ってみてね。ギューッ！
わぁ、上手ね

25

# ハイタッチ！

動きはじめ

### あそび方

1. あお向けに寝た子どもの上に、保育者が手をかざします。
2. 子どもが手を伸ばしてきたら、手を近づけて「タッチ！」と言いながら手を合わせましょう。

📢 **言葉かけ**

○○ちゃん！　ハイタッチしよう！

💛 **援助のコツ**

保育者の手は、子どもががんばって手を伸ばせば届くくらいの距離で待っているのがベストです。子どもと手を合わせたときには、笑顔で子どもの手を握るとさらに喜びます。

---

**アレンジ**

## おもちゃにタッチ！

子どもの上に、おもちゃをぶら下げて興味を示すように揺らしてみましょう。

**援助のポイント**

子どもが触ると音が出るおもちゃを使うのも有効です。万が一、子どもがなめてもよいように、清潔な状態にしておきましょう。

# いないいないばぁ！

用意するもの　ハンカチ

0歳児　1〜3か月

### あそび方

1. あお向けに寝た子どもの顔を「いないいない〜」と言いながら、ハンカチなどで隠します。

2. 「ばぁ！」と言いながらハンカチをずらし、保育者と目が合うようにしましょう。

**言葉かけ**

○○ちゃん。どこかな〜
いないいない〜　ばぁ！
いた！　○○ちゃん！

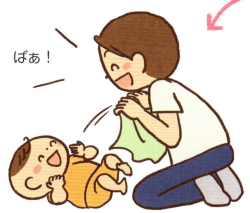

**援助のコツ**

「いないいない〜」と言いながら、時間を長くしたり、短くしたりしながら、変化をつけると何度でも楽しめます。

### アレンジ

#### ボールでいないいない〜

子どもの顔が隠れるくらいの大きさのボールを使ってあそぶのもアイデアです。両手でボールを持ち、子どもの顔と保育者の顔の間にボールがくるようにします。

「ばぁ！」のときには、ボールの影から顔を見せるようにすると子どもも喜びます。

# 4〜7か月

首がすわり、腕や脚に力がつくようになると、寝返りができるようになります。7か月近くなると、おすわりができるようになる子も。

### 援助のポイント

- 首がすわると、目の動きに手の動きを合わせる力が育ちます。目と手が協応できるような関わりを心がけましょう。
- 寝返りができるようになると、視界が変わるので興味が広がります。手を伸ばせば届くところにおもちゃなどを置くと、触ってみようとして手を伸ばし、寝返りすることもあります。

## お膝でおすわり

**動きはじめ**

### 言葉かけ
おすわりできたね。景色はいかがですか？

### 援助のコツ
子どもの背筋をまっすぐ伸ばし、頭が支えられているか確認します。頭が不安定なときは、保育者の胸のあたりで支えます。

### あそび方

1. すわった保育者の足の上に、子どもを前向きにすわらせます。

2. 子どものわきの下に手を入れてしっかり支えながら、保育者の足の上でおすわりができるようにしましょう。

### アレンジ
**すわり方を変えて**

おすわりができる子であれば、保育者があぐらをかいて、その上にすわらせましょう。保育者はお尻をすべらせるように少しずつ移動しても楽しめます。

# 寝返りレッスン

**動きはじめ** 　**用意するもの** ● マットまたは硬い布団

0歳児　4〜7か月

## あそび方

1. あお向けに寝ている子の顔を横に向かせ反対側の足を持ち上げます。
2. 絵のように、くるっと回転するように足を動かします。保育者はもう片方の手で子どもの背中に手を添えましょう。
3. 慣れてくると、子どもは自分で体の下の手を抜き、寝返りができるようになります。

**注意**
必ず、硬い布団やマットの上で行いましょう。

### 言葉かけ
くるっと寝返り、できるかな？

### 援助のコツ
寝返りしてうつ伏せするときは、子どもが自分で頭を持ち上げて背中をそらせるように促します。無理強いしないように、はじめは短時間で切り上げましょう。

---

**アレンジ**

## ハイハイのレッスン

子どもの手を前にしてうつ伏せにし、やさしく背中をさすります。保育者の両手をわきの下に入れます。子どもは背中に力を入れて頭を持ち上げ、体をそらせます。
これがハイハイの基礎になります。

両脇に手を入れると、子どもは頭を持ち上げます。

### 援助のポイント
足首が床から浮いているときは、ゆっくり床に下ろしてやさしくおさえると背中をそらせやすくなります。

## だるまさんグラグラ

### あそび方

1. 子どもをすわらせて、両わきを持って支えます。
2. 右のほうへゆっくりと傾け、真ん中に戻ります。
3. 今度は左のほうへ傾け、真ん中に戻します。これを繰り返して遊びます。

**注意**
おすわりが安定していないうちは、前かがみになって頭を床で打たないように注意しましょう。

**援助のコツ**
子どもの体が傾いたときに、自分でバランスを保ってもとに戻ろうとする力を意識しながら行いましょう。

**言葉かけ**
かたむきますよ〜。どっちにしようかな

**アレンジ　前後にグラグラ**
あそびに慣れてきたら、左右だけでなく前後にもやさしく傾けて楽しみましょう。

---

## 歌いながらガタンゴトン

### あそび方

1. 保育者はあお向けになり、おなかの上に子どもをすわらせます。子どものわきの下を両手で支えましょう。
2. 子どもが好きな歌をうたいながら、子どもの体を左右に傾けて戻しましょう。

**援助のコツ**
最初は軽く傾け、だんだんと大きく傾けるようにしましょう。

**言葉かけ**
（歌いながら）ガタンゴトンしますよ

**アレンジ　「車」や「自転車」に**
歌の代わりに車や自転車などに変身してあそんでも盛り上がります。

## ボールくるくる

**動きはじめ**

用意するもの ● ボール

0歳児　4〜7か月

### あそび方

1. 子どもを保育者の膝の上にすわらせます。
2. 保育者がボールを持ち、子どもの目の前で円を描くように大きく回します。子どもがボールを目で追えるように「追視」を促します。

💛 **援助のコツ**
ボールはゆっくりと大きく動かして、子どもが目で追えるようにします。

📣 **言葉かけ**
ボールはここだよ
今度はこっちよ

**アレンジ**
### おもちゃをくるくる
お気に入りのおもちゃを同様に子どもに見せても◎。「○○ちゃんの大好きなクマちゃんはここだよ」などと言いながら、興味を促します。

---

## お膝で立っち

**動きはじめ**

### あそび方

1. 保育者は絵のようにすわります。
2. 子どもを前向きに抱っこして、わきの下を支え、足の上に立たせます。

💛 **援助のコツ**
上手に立てるようになったらわきを支えていた手を徐々におなかのほうに移動させていきましょう。

📣 **言葉かけ**
立っちできるかな？

**アレンジ**
### ジャンプで立っち
上手に立っちができるようになったら、子どもをやさしく上下にジャンプさせてみましょう。足がついたときに軽く膝を曲げられるようにすると、ジャンプの練習になります。

# ここはどこかな？

### あそび方

1. 保育者が「どこかな？ どこかな？」と言いながら子どもの頭・腕・手・首・おなか・太ももなどを両手で触ります。

2. 「おなかだね」などと触った所を言いながらやさしく両手で触ります。

### 言葉かけ
どこかな？ どこかな？
○○ちゃんの○○だね！

### 援助のコツ
部位の名称がわかるように、やさしくギュッと触りながら部位の名前をはっきりと伝えましょう。

### アレンジ
#### 歌をうたいながら
子どもが好きな歌をうたいながら、リズムに合わせて同様にあそんでみましょう。

#### 援助のポイント
子どもの表情を見ながらあそびます。嫌がりはじめたらやめて、短時間で終わらせるようにしましょう。

# 風船ボール

 動きはじめ

用意するもの　●　風船ボール

0歳児　4〜7か月

### 風船ボールの作り方

風船にビニールテープを3〜4周巻いたらできあがり。風船よりもバウンドが安定します。

## あそび方

1. 「風船ボール」を子どもに見せます。
2. 寝返りができる子は、寝返りしてほしい側に、風船ボールを置いて、子どもが寝返りをして手で触れるようにします。
3. おすわりができる子には、保育者がやさしく両手で「どうぞ」とわたします。

どうぞ

### 言葉かけ
ポンポン！　とはずむボールだよ

### 援助のコツ
子どもが「風船ボール」に興味をもてるよう、はじめは目の前でバウンドさせたり転がしたりするなどします。

### アレンジ
## まねしてポンポン

おすわりができる子には、目の前で保育者が風船ボールをバウンドさせましょう。繰り返すうちに、子どもがまねして同様にできるようになります。

ポーン！

### 援助のポイント
やさしく持つことを、子どもにイメージしてもらうため、両手で風船ボールをわたしましょう。爪が伸びていると割れてしまうこともあるので、爪のチェックも忘れずに。

# ゆらゆらざっぷん

### あそび方

1. 保育者はお山すわりをします。子どもはおなかの上で向い合わせにすわらせるようにします。

2. 保育者は自分の膝の裏を両手でつかみ、両足を床から離して、お尻でゆらゆらと揺れましょう。

**言葉かけ**
ザップ〜ン！ 揺れますよ！

**注意**
子どもは、保育者の体に寄りかかるようにすわると安定します。

**援助のコツ**
最初は小さく揺れ、徐々に大きく揺れるようにすると、リズム感やバランス感覚が養われます。

### アレンジ

**回転してザップ〜ン！**

保育者がお山すわりをして、同様に子どもを乗せたら、お尻を使って回転するとさらに盛り上がります。

**援助のポイント**
お尻で回転するときは、足で軽く床を蹴るようにすると、上手に回転できます。

# バスタオルで GOGO

動きはじめ

用意するもの　●　バスタオル

0歳児　4〜7か月

### あそび方

1. バスタオルの上に、子どもをあお向けで寝かせます。
2. 子どもの足側のバスタオルの端を保育者が持ちます。
3. バスタオルをそっと引っ張って動かし、あそびましょう。

\注意/
子どもから見える位置に保育者がいることで、安心してあそべます。

**■ 言葉かけ**
出発しますよ！
ゴーゴー！

**♥ 援助のコツ**
はじめはゆっくりと、子どもがびっくりしないように動きましょう。

### アレンジ
### おすわりしながらGOGO

おすわりができる子には、バスタオルにすわらせます。そっとバスタオルの端を引っ張って動かしましょう。

**援助のポイント**

おすわりの子をバスタオルに乗せて引っ張るときは、子どもがひっくり返らないように、引っ張る手を床につけるようにして、傾斜ができないようにします。

# タンバリンタッチ

動きはじめ

**用意するもの** ● タンバリン

## あそび方

1. 保育者は足を伸ばしてすわり、その上に子どもをすわらせます。片手で子どもを支え、もう片方の手でタンバリンを持ちます。

2. 子どもが手の届くところにタンバリンを動かし、子どもが手を伸ばしてタンバリンをたたけるようにしましょう。

3. 子どもの手が届いたり届かなかったりするところにタンバリンを動かしてあそびます。

### 言葉かけ
タンバリン、どんな音がするかな？ 鳴らしてみてね

### 援助のコツ
子どもが焦らず、ゆったりとした気持ちでタンバリンをたたけるように、ゆっくりと動かしましょう。

---

**アレンジ**

## タンバリン2つで

保育者は足を広げてすわり、その間に子どもがすわります。保育者は両手に1つずつタンバリンを持ち、子どもは両方を鳴らしてあそびます。

### 援助のポイント
1つをたたいてももう1つがあることがわかるように、「ここにもあるよ」などと言いながら、音を鳴らしましょう。

## 鉄棒タッチできるかな

動きはじめ

0歳児　4〜7か月

### あそび方

1. 保育者が子どもを抱っこして、鉄棒にタッチしてみましょう。
2. 鉄棒の触り心地を楽しみながら、握ってみてもよいでしょう。

**♥ 援助のコツ**
鉄棒に触るのを怖がる子には、最初に保育者が触ってみせると安心します。

**📣 言葉かけ**
鉄棒ですよ〜。ちょっと触ってみましょうね

**アレンジ**
**両手でタッチ**
嫌がらずに触ることができたら、子どもをもう少し鉄棒に近づけて、両手でつかんでみましょう。

---

## ブランコゆらゆら

動きはじめ

### あそび方

1. 保育者は子どもを抱っこしてブランコにすわります。
2. 足でブランコを小さく揺らしてあそびましょう。

**♥ 援助のコツ**
保育者の膝にすわらせるのが難しい子は、横抱きにして安心感を与えましょう。

**📣 言葉かけ**
ブランコに乗ろうね。ゆらゆら〜気持ちいいね

**アレンジ**
**他の保育者がこんにちは**
ブランコが揺れるタイミングで他の保育者が子どもに顔を近づけて、「楽しいね」と声かけをしてみましょう。

# 8〜11か月

おすわりが安定し、ハイハイがはじまります。全身の動きが活発になり、つかまり立ちをする子も。指を使い小さなものをつかみます。

### 援助のポイント

- 大人の言葉をまねして、意味のある言葉を発することもあります。子どもの言葉にていねいに応答しましょう。
- 行動半径が広がります。階段から落ちたり家具にぶつかったりしないように、安全な環境を確保しましょう。

## いっしょにぎっこんばったん

 柔軟性

### あそび方

1. 保育者は足を伸ばしてすわり、その上に子どもを乗せます。保育者の親指を子どもが握り、保育者はその手を包み込むように握ります。
2. 「ぎっこん」で子どもは保育者の足の上に倒れるように寝ます。
3. 「ばったん」で保育者が後ろに倒れて子どもが起き上がります。

### 言葉かけ
シーソーあそびしよう！
「ぎっこん」「ばったん」

### 援助のコツ
子どもは保育者をまねするので、保育者は豊かな表情と動作で行います。

### アレンジ
**子どもだけでやってみよう**

保育者はすわったままで、子どもだけが、寝たり起き上がったりを繰り返してみましょう。

# 抱っこでエレベーター

**バランス**

## あそび方

1. 保育者はあぐらをかきます。
2. 子どもの首とお尻をしっかり支え、ゆっくりと上げたり下げたりしてあそびましょう。

### 言葉かけ
上にあがりまーす。
今度は下がりまーす

### アレンジ
**各階止まりのエレベーター**
各階にエレベーターが止まるように、少しずつ上げたり、下げたりしてみましょう。

### 援助のコツ
子どもを支えるのが重くて大変な場合は、両わきを閉めた状態で行うと重さが軽減します。

0歳児　8〜11か月

---

# お膝の上で高い高い

**バランス**

## あそび方

1. 保育者はお山すわりをします。
2. 子どもの両わきを支えながら、保育者の膝の上に子どもを立たせます。

### 援助のコツ
子どもが怖がって上手に立てないときは、お山すわりではなく、膝を伸ばした状態からはじめるとよいでしょう。

### 言葉かけ
ぐらぐらするよ〜
上手に立てるかな？

### アレンジ
**ロケット発射！**
あそびに慣れたら、子どもを膝の上に立たせた状態から、上に持ち上げて「ロケット発射！」と言ってあそぶと盛り上がります。

# 抱っこで上に下に

### あそび方

1. 保育者は立った状態で両手のひらを組み、腕の間に子どものお尻を入れながら支えます。
2. 保育者の膝を曲げたり伸ばしたりして、上下に動かします。

＼ 下がりまーす ／

上がりまーす

### 🎀 言葉かけ
下がりますよ〜、今度は上がります〜

### 💛 援助のコツ
腕が外れてしまわないように、手をしっかりと組みます。保育者の姿勢が前に倒れてしまうと子どもの体も前かがみになってしまうので、まっすぐ立って安定させましょう。

---

**アレンジ**

## 向きあって上に下に

前を向いて上下することを怖がる子には、向きを変えて同様に行ってみましょう。安心感があるので、無理せず楽しめます。

### 援助のポイント
安心してあそべるように、子どもの体を保育者の体に密着させるようにしましょう。子どもの表情を見ながら、ゆっくりと上下させるとよいでしょう。

# ハイハイ山登り

**用意するもの** マットまたは硬い布団

### あそび方

1. たたんだマットの上に、絵のようにもう一枚マットを重ねて山を作ります。
2. 保育者は、山の反対側から声をかけます。
3. 子どもはハイハイで山を登っておりるようにします。

### ♥ 援助のコツ
子どもがハイハイで下るときは転びやすいので、安全性に配慮してマットを長めにしておきましょう。

### 📣 言葉かけ
ハイハイで来てね！
待ってるよ

0歳児 8〜11か月

---

**アレンジ**

## サーキットにしてみよう

あそびに慣れたら、マットを並べてサーキットにしてあそびましょう。平らなマットや傾斜のあるマットを作ってさまざまな動きができるように配置しましょう。

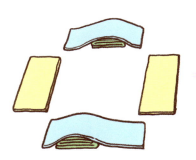

### 援助のポイント
サーキットにする場合は、全体を見渡せるように保育者が位置し、安全にあそべるようにします。

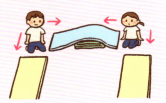

# ハイハイボーリング

 支える

**用意するもの** ● ボーリングのピン

**ボーリングのピンの作り方**
ペットボトルのキャップをビニールテープで貼ってつなげる。中にボタンなどを入れて音が鳴るようにしても楽しい。

## あそび方

1. ボーリングのピンを子どもから少し離れた場所でランダムに置きます。
2. 子どもは、ハイハイでボーリングのピンのところまで行き、倒してあそびます。

倒せるかな？

📢 **言葉かけ**
ひとつずつ倒してみてね

❤️ **援助のコツ**
はじめは保育者がお手本を見せます。そうすることで、子どもはあそび方を知り、興味をもてるようにします。

 **アレンジ**
## 保育者とよーいどん！

保育者も四つんばいになり、子どもの後ろにスタンバイします。「よーいどん」の合図でスタートし、どちらが多くのピンを倒せるか競争しましょう。

**援助のポイント**
保育者は子どもの後ろからスタートして、子どもが安全で楽しくあそべるようにサポートしましょう。

# 抱っこでぴょん

0歳児　8〜11か月

### あそび方

1. 保育者は両足を閉じて、足を伸ばした状態で床に座ります。
2. 向かい合うように子どものわきの下を抱えて足の上に立たせます。
3. 子どもを抱っこしながら、上下にジャンプさせてあそびます。

**言葉かけ**
ぴょんぴょん！ジャンプできるかな？

**注意**
子どもは肩の関節がまだ弱いので、腕ではなく子どものわきの下を抱えます。

**アレンジ：足を広げてまた閉じて**
保育者が足を広げて、床からジャンプさせたり、閉じて足の上からジャンプさせたりして、高さを調整するとさらに盛り上がります。

---

# ボール待て待て

用意するもの　● ゴムボール

### あそび方

1. 子どもの視界の入るところに、ボールをゆっくりと転がしましょう。
2. 子どもがボールを上手につかまえられるようになったら、転がすスピードに変化をつけてあそびましょう。

**言葉かけ**
ボールがコロコロ転がるよ！　つかまえてくれる？

**注意**
障害物がないように、広々とした場所にボールを転がします。

**アレンジ：ボールの数を増やしてみよう**
ボールの数を増やして、「今度はこのボールをつかまえてね」などと、ボールの種類に変化を加えてあそぶと、さらに楽しめます。

# 引っ張れ、引っ張れ

引きつける

用意するもの ● ホースの輪

### あそび方

1. 子どもはあお向けに寝ます。保育者はホースの輪を見せながら「引っ張りっこしましょ」と言葉かけをします。

2. 子どもがホースの輪を握ったら、リズミカルに引っ張りっこをします。

ホースの輪の作り方

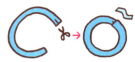

70cmくらいの長さに切り、片方に切り込みを入れて、逆側のホースの先に差し込み、テープでとめる。

引っ張るよー

引っ張られたー

#### 📢 言葉かけ

引っ張りっこしましょ！
引っ張るよ！　わぁ、
引っ張られた

#### ♥ 援助のコツ

子どもの引きつける力が強いと、体が起き上がることがありますが、保育者が調節して腕の曲げ伸ばし程度にとどめましょう。

### アレンジ

## 保育者も横になって

保育者も横になって同様にあそびましょう。隣どうしで引っ張りっこすることで、横の力を使うあそびになります。

#### 援助のポイント

横になるときに、保育者は子どもの方を向くとよいでしょう。子どもが利き手で引っ張れるように、どちら側で横になるか配慮しましょう。

# だるま転がり

## あそび方

1. 保育者はあぐらをかいてすわります。
2. 子どもは保育者の足の間にすわります。
3. 保育者は子どもをすわらせたまま、横に円をかくように揺れて転がり、元の位置に戻ります。これを繰り返してあそびます。

### 言葉かけ
さぁ、揺れますよ〜。どんどん大きくなりますよ〜

### 援助のコツ
はじめは小さく揺れて、あそびに慣れてきたら徐々に大きく揺れるようにしましょう。

## アレンジ
### フェイントを入れてあそぼう

あそびに慣れたら、右に傾くふりをして左に傾いたり、後ろに傾いてみたりして、意外性を演出して楽しみましょう。

後ろだぁ！

### 援助のポイント
左右に何回か倒れたあとに、再び左右に倒れると見せかけて後ろに倒れましょう。

0歳児　8〜11か月

# プリンのカップでパカパカ

**用意するもの** ● プリンカップ（子どもがちょうど握れる大きさで、とがったところがないもの）

① 逆さにしたプリンカップを、両手に一つずつ持ちます。

② 両手のプリンカップでパカパカと音をさせながらハイハイで歩きましょう。

### 言葉かけ
パカパカ！　いい音がするね

パカッ　パカッ　パカ

### 援助のコツ
プリンカップはビニールテープを巻くとすべりにくく、つかみやすいです。

### アレンジ
## クマさん歩きでパカパカ

あそびに慣れたら、お尻をあげて歩く「クマさん歩き」で同様にあそびましょう。クマやゴリラ、ライオンなど、いろいろな動物になりきってあそんでも盛り上がります。

ガオー

### 援助のポイント
保育者がまずクマさん歩きをやってみせると、子どももイメージがわきやすいでしょう。

 支える

用意するもの ● 鉄棒

0歳児 8〜11か月

### あそび方

1. 子どものわきの下を支えながら鉄棒を両手で握らせます。
2. 保育者はそのまま、子どもが鉄棒にぶら下がっている気分を味わえるようにします。
3. タイミングをみて保育者が手をはなしてみてもよいでしょう。

**援助のコツ**
保育者はいつでも子どもを支えられるように、子どもの側でサポートします。

**言葉かけ**
どれくらいぶら下がっていられるかな？ 数えるよ。1、2〜

**アレンジ**
**足の下をボールコロコロ**
あそびに慣れたら、鉄棒にぶら下がっている間に足の下にボールを転がします。ボールに当たらないように足を上げてみましょう。

---

  跳ぶ

### あそび方

1. 子どもは保育者にわきの下を支えてもらいながら、砂場に立ちます。
2. 保育者は子どもが不安定な砂場の上をジャンプしながら歩けるよう、そのまま子どもを上下に動かします。

**言葉かけ**
砂場の上をジャンプ！上手に着地できるかな

**援助のコツ**
普通の道とは違う、やわらかくでこぼこの感触を楽しめるように支えましょう。

**アレンジ**
**自分で歩こう**
自分で歩くことができる子には、保育者と手をつないで、転ばないように歩いてみましょう。

運動会種目（親子競技）

# ほんとはなかよし？「さるかに合戦」

「さるかに合戦」を題材にしたサーキットです。子どもがサル、そしてカニに変身し、ゴールできたら、親子でいっしょにおにぎりを食べます。親子で助け合いながら、ゴールまで到着できるかな？

## あそび方

1. 子どもはサルのお面をかぶり、鉄棒にぶら下がります。保護者が子どもを抱っこしてぶら下がっても OK。
2. 箱のなかなどに置いてあるカニのお面とサルのお面を取り換えます。
3. 親子で平均台を横向きに歩きます。保護者が子どもを抱っこして進んでも OK。
4. おにぎりボールをゴールまで親子で転がします。ゴールしたらおにぎりボールを食べるまねをしましょう。

### 用意するもの
- 鉄棒
- サルのお面
- カニのお面
- マット
- 平均台
- おにぎりボール

### 環境構成と保育者の援助
子どもに合わせて、難しいところは親子で行います。子どもが1人でできるところは、保護者は見守ります。

おにぎりボールの作り方
ボールにおにぎりの絵を貼って作る

マットを敷いて、落ちてもけがをしないように

運動会種目（親子競技）

# 見たことあるかな？
# 恐竜のたまご

段ボールで作った恐竜の卵を転がしてはじめるあそび。卵から子どもの恐竜が誕生！親子で協力しながら肉食恐竜をやっつけてゴールします。怖がらずに最後まで楽しめるかな？

運動会種目（0歳児クラス）

## あそび方

1. 親子で恐竜の卵を転がします。
2. 恐竜の卵を割り、中に入っている恐竜のお面を子どもがかぶります。
3. 子どもは恐竜になりきり、草むらの中をハイハイで進みます。
4. 丸めたマットに貼った肉食恐竜に親子で体当たりして倒します。
5. 保護者は両腕の間に子どものお尻をすっぽり入れるように抱っこして親子恐竜に変身してゴール！

### 用意するもの
- 恐竜の卵
- 恐竜のお面
- 草むら
  （段ボールなどで作る）
- 丸めたマット
  （恐竜の絵を貼る）

### 環境構成と保育者の援助

子どもが怖がって泣いてしまわないように楽しい雰囲気作りをします。かわいらしい恐竜の絵も用意しておくとよいでしょう。親子恐竜に変身するときは、しっかり子どもを支えられるようにしましょう。

恐竜の卵の作り方
① 段ボールで卵の枠組みを作る
② 中に恐竜のお面を入れる
③ 画用紙をかぶせ、はがせるように養生テープで蓋をする

運動会種目（親子競技）

# ヒーローに変身！ちびっこレンジャー

子どもは、かわいらしいちびっこレンジャーに変身します。ちびっこレンジャーと保護者とで力を合わせて、強い怪獣をやっつけてゴールです。

## あそび方

1. 保護者がフープを持ち、子どもの頭の上からフープをくぐらせて下におろします。
2. 子どもにマントをつけて、ちびっこレンジャーに変身！
3. 保護者が子どもを抱っこして小さくジャンプし、吊るしてあるベルトをとり、子どもはベルトを装着します。
4. 保護者は子どもの足の間に手を入れ股を支え、子どもは保護者の腕にしっかりつかまります。この体勢で段ボールのところまで行きます。
5. 段ボールを3つ重ねて怪獣を完成させます。
6. 完成させた怪獣をキックやパンチで倒してゴール！

### 用意するもの
- フープ
- マント
- ベルト
- 怪獣段ボール（3つつなげて完成）

### 環境構成と保育者の援助
子どもを抱っこして走るところは、子どもが怖がっていないか確認しながら進めます。怪獣を倒すところは安全性に配慮します。

マントの作り方
カラービニールで作り面ファスナーなどでとめる。首元を絞めないように注意

ベルトの作り方
色画用紙で作り、面ファスナーでとめる

# どんなところかな？ 宇宙旅行に行こう！

運動会種目（親子競技）

宇宙はどんなところなのかな？ いろいろな星に出会い、最後はフープのトンネルをくぐって地球に帰還する宇宙ツアーへ出発！

運動会種目（0歳児クラス）

## あそび方

1. 子どもがロケットになりきり、「打ち上げあそび」をしながら次のところまで移動します。
2. 月に到着！ クッションなどの上にマットを敷いたでこぼこ道を「体が軽いから跳ねるね」などと言いながら進みます。
3. 保護者と子どもはマットの上を転がり、保育者は両側から隕石に見立てた新聞紙ボールをやさしく投げます。
4. 地球にワープできるトンネルに到着。子どもはゆらゆらするトンネルの中を通ってゴールです。

### 用意するもの
- 宇宙の景色（段ボールなどで作る）
- マット3枚 ● クッション3個
- 隕石（新聞紙ボール）
- フープ4本

### 環境構成と保育者の援助
子どもが怖がらないように、楽しい雰囲気で行います。段ボールにロケットや惑星などの絵を貼って周りにおくことで、宇宙を演出できます。

スタート
保護者が子どもの体をつついて「点検」と言う。「エネルギーを注入」と抱きしめて子どものわきに手を入れ「3・2・1発射！」と高く抱き上げる

ゴール

フープ4本にマットを通したトンネル

# 0歳児 〈参観日〉日案

保護者も楽しみにしている参観日の日案。0歳児は特に、親子であそぶことをメインに考え、普段は取り入れにくいあそびに積極的にチャレンジする機会です。

## ○月○日　いちご組

**ねらい**　普段取り入れにくいあそびも親子で楽しみながら一緒に行う

**内容**　視覚や聴覚など感覚の発達がめざましいため、運動あそびの中でたくさん刺激をうける

親子あそびを通して、保護者との愛着関係を育む

**準備するもの**
- ハンカチ
- バスタオル
- タンバリン

| 時間 | 活動内容 | 予想される子どもの姿 | 環境構成と保育者の援助 |
|---|---|---|---|
| 8:30 | 登園 | ● 元気に登園してくる | ● 子どもの様子を見て普段と違いはないかを確認し、保護者とも健康状態などを共有する |
|  | 自由あそび<br>おむつ交換<br>片付け　手洗い | ● お気に入りのおもちゃで楽しむ | ● 子どもどうしがトラブルにならないよう配慮する |
| 9:40 | おやつ |  |  |
| 10:00 | 参観日開始 | ● 普段の雰囲気と違い泣いてしまう | ● 気持ちが落ち着くように声をかける<br>● 楽しい雰囲気作りをし、気持ちを切り替えられるよう配慮する |
|  | 親子で運動あそび<br>● お膝でおすわり p.28<br>● ゆらゆらざっぷん p.34<br><br>● いないいないばぁ！ p.27<br>● バスタオルで<br>　GOGO p.35<br>● タンバリンタッチ p.36 | ● 楽しく親子で参加する<br>● 保護者のおなかの上にうまく乗れない子<br>● 顔を隠されるのを嫌がる子<br>● 楽しくなり何回もやりたいと言う<br>● 怖くて参加できない子<br>● 楽しんで強くたたいてしまう | ● ぶつからない距離感で行う<br>● 親子でスキンシップをとる大切さも伝える<br>● 体をくっつけるとバランスをとりやすいことを伝える<br>● 嫌がる子は、ハンカチは使わず手で代用する<br>● 子どもと一緒にやる回数を決める<br>● 他のやっている子の姿を見せ、怖くないことを伝える<br>● 大人がやさしくタンバリンを鳴らす姿を見せる |
|  | 水分補給 |  |  |
| 10:20 | 製作など他の活動 |  |  |
| 11:00 | 絵本読み聞かせ<br>参観日終了 | ● もっとやりたいと言う | ● 簡単な親子あそびは自宅でも取り入れやすいため、日常的に取り入れ親子で楽しめることを伝える |
|  | おむつ交換　手洗い |  |  |
| 11:10 | 給食 |  |  |
| 11:50 | 午睡 |  |  |

## 0歳児 〈運動会前〉日案

さまざまな運動会のプランを子どもたちと試してみて、もっとも楽しく取り組めたものを当日のプランにするとスムーズです。

### ○月○日　いちご組

**ねらい**　手で触れるものや身の回りのものに興味を持つため、自らやってみたいという気持ちを促し、運動会を楽しみにする気持ちを味わう

**内容**　保育者や友達と一緒に体を動かすことで運動会の雰囲気を体験する

　　　　マットの上を転がるなど横の回転を楽しむ

**準備するもの**
- おにぎりボール 人数分
- 段ボール3個
- マット5枚
- 平均台　● 鉄棒
- クッション
- フープ4本

| 時間 | 活動内容 | 予想される子どもの姿 | 環境構成と保育者の援助 |
|---|---|---|---|
| 8:30 | 登園 | ● 元気に登園してくる | ● 子どもの様子を見て普段と違いはないかを確認し、保護者からも健康状態などを共有する |
| | 自由あそび おむつ交換 片付け　手洗い | ● お気に入りのおもちゃで楽しむ | ● 子どもどうしがトラブルにならないよう配慮する |
| 9:40 | おやつ | | |
| 10:00 | 運動あそび開始 | ● 他のあそびをしたいという子 | ● 楽しい雰囲気作りをし、気持ちを切り替えられるよう配慮する |
| | ● おにぎりボールコロコロ ● 段ボール積み木 ● マットの上転がり | ● うまく転がせない子 ● 友達と一緒に楽しむ ● 楽しんでマットの上を転がる ● 転がるのを怖がる子 | ● 子どもたちが持ちやすい大きさや丸さの形を考える ● 保育者と一緒にやってみる ● 保育者も一緒にやってより楽しさを盛り上げる ● 転がるのが怖い子はクマさん歩きなど違う動きをする |
| | 〈サーキットあそび〉 ● 平均台横向き歩き ● 鉄棒ぶら下がり ● クッションとマットの上ジャンプ ● フープとマットのトンネル | ● 1人で歩けない子 ● 鉄棒が楽しくて占領してしまう子 ● マットの揺れを怖がる子 ● トンネルの動きを楽しみながら進む子 | ● 保育者が手をつなぐ、抱っこして一緒にやってみる ● 他のあそぶスペースにも目が行くよう声をかける ● 他の子どもと一緒に行うと揺れが大きくなるため配慮する ● 怖がらない子にはやさしくトンネルを揺らしてみる |
| 10:20 | 水分補給 | | |
| 11:00 | 自由あそびや戸外あそびなど他の活動 | | |
| | 片付け | ● 片付けたくない子 | ● 次の活動に期待をもてる声かけをする |
| 11:10 | おむつ交換　手洗い 給食 | | |
| 11:50 | 午睡 | | |

平均台横向き歩き　鉄棒ぶら下がり

クッションとマットの上ジャンプ　フープとマットのトンネル

●は保育者の位置　〈環境図〉

# すぐに楽しい！ 次の活動の導入にもぴったり！
## 毎日のちょこっと運動あそび 0歳児編

### 4〜7か月

### 朝の会の前に

登園後は、「きょうは何をするのかな？楽しみ！」という気持ちを高めるため、音の出るおもちゃを利用するのがおすすめ。ワクワク感がさらに増します。
▶タンバリンタッチ（p.36）

### 外あそびに行く前に

外あそびに出かける前は、少しダイナミックなあそびを楽しむのもおすすめ。野外に出て、元気に体を動かす準備ができます。
▶バスタオルでGOGO（p.35）

### 絵本を読む前に

読み聞かせのあとに午睡することも。エネルギーが余っていると寝つきに影響する一方、静かな雰囲気も作りたいので、安心感をもちながら楽しめる運動あそびが最適です。
▶だるまさんグラグラ（p.30）

### 午睡のあとに

午睡のあとは不安な気持ちになる子も。そんなときは密着感があって、愛着関係を育むようなスキンシップを主体にしたあそびを楽しみましょう。
▶ゆらゆらざっぷん（p.34）

### おかえりの前に

子どもが興味をもつようなおもちゃを使ったあそびがおすすめです。「あしたも、このおもちゃであそぼうね」などと言いながら、あしたへの期待感へつなげましょう。
▶風船ボール（p.33）

日常のなかで気軽にちょこっと体を動かすことは大切です。日々の生活のなかに体を動かす習慣があれば、自然と運動が大好きになるからです。そこで、この本で紹介した運動あそびを日常のなかの5つのシーンにあてはめ、こんな運動あそびをすると楽しい！　という例をご紹介します。もちろん、このあそびはこのシーンでなければ、ということではありません。ぜひ日常のなかに気軽に運動あそびを取り入れてみてください。

## 毎日のちょこっと運動あそび（0歳児編）

### 8〜11か月

### 朝の会の前に

親子分離による不安な気持ちを忘れて、楽しい気持ちにするためには、密着感があってダイナミックなあそびがおすすめです。
▶抱っこでエレベーター（p.39）

### 外あそびに行く前に

外で転倒したときに、手をついて体をサポートできる力は大切です。支える力を育てるあそびで楽しく身につけましょう。
▶プリンのカップでパカパカ（p.46）

### 絵本を読む前に

読み聞かせの前に、ジャンプのあそびをして体を動かすと、気持ちも落ち着き、集中して絵本を楽しむことができます。
▶抱っこでぴょん（p.43）

### 午睡のあとに

まだ眠気がぬけない子には、寝転がったままフープを持ち保育者と引っ張りっこするあそびに挑戦。すっきり目覚め、午後も機嫌よく過ごせます。
▶引っ張れ、引っ張れ（p.44）

### おかえりの前に

元気いっぱいにマットの傾斜をハイハイで移動して、一日のエネルギーを満足いくまで使います。そうすることであしたの登園も楽しみになります。
▶ハイハイ山登り（p.41）

# 1歳児の運動あそび

自分の力で移動できるようになる頃です。子ども自身も「できた」という喜びを実感できるので、保育者は、ほめて認める言葉かけを心がけましょう。たとえ、そのあそびができなくても、保育者が補助しながら「できた」という達成感を味わえるようにしましょう。

ゆ〜ら ゆ〜ら

楽しいね！

助けてもらいながら、鉄棒にぶら下がってみたら…ゆらゆら揺れておもしろいよ。

### トンネルぬけて…
大人のトンネルをハイハイでくぐるよ。
ね、上手でしょ。

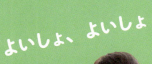
### よいしょ、よいしょ

体の力を上手に使って、箱を押して
移動させることもできる！

### 進め、進め
大きな積み木の上をまたいで
すわって、全身の力で前に進むよ。

### お山をおさんぽ
手をつないでもらえば、上り坂も
下り坂も歩いていけるよ。

### ゴロゴロ…
不安定なマットの上を、バランス力を
使って落ちないで立っていられるよ。

# 1歳児前半

1人歩きができるようになる時期です。運動能力が全体的に発達し、意思表示もはっきりします。ダイナックに動き、目が離せません。

### 援助のポイント

- 行動範囲が広がり、危ないところに上るなどもするようになるので、安全に配慮します。
- 大人の動作をまねしたり、言葉を模倣して発語することが多くなるので、表情豊かに大きく動作するよう心がけましょう。

## ブラブラ～タッチ （柔軟性）

### あそび方

1. 子どもは立ったまま、手をブラブラさせます。
2. 保育者の合図に合わせて、頭、お尻など、体の各部位を触りましょう。

### 💛 援助のコツ
体の部位がわからないときは、保育者がお手本を見せ、まねできるようにしましょう。

### 📣 言葉かけ
ブラブラ～頭！
ブラブラ～お尻！

### アレンジ
**子どもどうしでブラブラ**
あそびに慣れたら、子どもどうしで「ブラブラ～ほっぺ！」などと保育者の合図に合わせていっしょにあそぶのも盛り上がります。

# 肩からくるり

柔軟性

1歳児　前半

## あそび方

1. 保育者は膝を伸ばしてすわり、子どもは後ろに立ちます。子どもは保育者の片方の肩から、絵のように両手を差し出します。

2. 保育者は子どもの頭とおしりを支えながら、上半身を丸めるように曲げましょう。

3. 子どもは前回りをして、保育者の足の上に寝ます。

**注意**
子どもの体を前に倒すとき、頭をしっかり丸めるように支えます。

**言葉かけ**
頭をしっかり丸めてね。くるりん！

**援助のコツ**
片方の手で子どもの首のすぐ下を押さえ、もう片方の手でお尻のあたりを押さえると回しやすいです。

### アレンジ
### 反対の肩から回ろう

あそびに慣れたら、今度は反対の肩から同様にしてあそびましょう。保育者の足の上に寝るところまでできたら、立ち上がってポーズを決めても盛り上がります。

## 足をパッピッ

  柔軟性

### あそび方

1. 子どもと保育者が向かい合い、足を閉じてすわります。
2. 「足を閉じる！」「足を開く！」などの合図に合わせて足を開いたり閉じたりしましょう。

#### 言葉かけ
足を開くよ。パッ、足を閉じてね。ピッ

#### 援助のコツ
子どもに動きがよく伝わるよう、少しおおげさに動くよう心がけましょう。

---

## 輪っかの中からこんにちは！

バランス

**用意するもの** ● ホースの輪（作り方は44ページ）

### あそび方

1. 保育者はホースの輪から顔を出して、笑顔を見せ、ホースの輪を子どもに渡します。
2. 子どもは、保育者と同様にホースの輪を持ち、顔をのぞかせてあそびます。

#### 注意
子どもがホースの輪を両手で持つときにバランスを崩して転ばないよう気をつけましょう。

#### 援助のコツ
ホースの輪を車のハンドルに見立てると、さらに盛り上がります。

#### アレンジ
**輪っかの中からインタビュー**

あそびに慣れたら、ホースの輪から顔を出しながら会話ができるよう「何歳ですか？」「よい眺めですか？」など質問してみましょう。

# 抱っこでストン！

1. 子どもと向かい合いで抱っこします。
2. 保育者は「トン、トン」のリズムで軽く膝を曲げて揺らします。
3. 「ストン！」で子どもを抱っこしたたま膝をさらに曲げましょう。

### 援助のコツ

はじめはゆっくり行い、あそびに慣れてきたら、「トン、トーン、ストン！」などと、リズムを変化させてあそぶとさらに盛り上がります。

### 言葉かけ

さぁ、どこで「ストン！」しようかな

## 向きを変えてチャレンジ

あそびに慣れたら、子どもの向きを反対側に向けて同様に行いましょう。子どもが保育者の顔を確認できないので、保育者は「ストン！ としますよ〜」などとたくさん声かけをして安心感をもたせましょう。

1歳児　前半

# ゆらゆらマット

 バランス

**用意するもの** ● マット、プールスティック

1. マットの下にプールスティックを5～6本置きます。滑り止めがついているマットは、滑り止めがある方を上にしましょう。
2. 子どもはマットの上に乗ってすわります。
3. 保育者はマットの端を持ってゆらゆら揺らしましょう。

### 言葉かけ
ゆらゆらしますよ！
しっかり乗っていてくださいね

### アレンジ
## 立ってバランス！
あそびに慣れたら、マットの上に立って同様にあそびましょう。子どもが転ばないように、保育者はマットの端を持って、やさしく揺らします。

### 援助のコツ

はじめは小さく揺らして、徐々に大きくゆっくりと揺らすようにしましょう。子どもの表情を見ながら、怖がらないように配慮します。

### 援助のポイント
マットが斜めになりすぎないように、端を持つときはできるだけ床に近づけて平行に揺らします。

# 片足でゆらゆら

### あそび方

1. 保育者と子どもが向かい合って立ち、両手をつなぎます。
2. 保育者は、片足をあげて「ゆらゆら～」と言いながらバランスをとります。子どもも同様に片足で立つよう促します。
3. 「今度は反対の足だよ」と言いながら、反対の足で同様に立ってみましょう。
4. あそびに慣れたら、10まで数えるなど、達成感をアップさせましょう。

1歳児 前半

**言葉かけ**
ゆらゆら～ 揺れるよ。
今度は反対の足だよ！

**援助のコツ**
片足ずつ交互に重心を移せるように、ゆっくりと足を変えましょう。左右のバランス感覚を養うことで、転びにくくなります。

### アレンジ
## 片手だけつないでゆらゆら

あそびに慣れたら、つないだ手を片手にしてみましょう。横並びになって片手だけをつないで行うとさらに難易度がアップします。

上手にできたら手を離して、1人でバランスをとりながら行ってみましょう。

# 動物ハイハイ

1. 四つんばいになります。
2. 「ワンワン」「ニャンニャン」など、子どもに身近な動物の鳴き声をまねしながら、ハイハイで歩きましょう。

### 言葉かけ
ワンワン！ わたしは犬に変身するよ。〇〇ちゃんは何に変身する？

### 援助のコツ
歩きたがる子もいますが、あえてハイハイするように促しましょう。ハイハイで歩くことで、全身運動になります。

### アレンジ
## 動物園の動物をまねしよう

動物園の話などをしながら、今度は動物園にいる動物たちをまねしてみてもよいでしょう。決められた動物園にしかいない、めずらしい動物のまねをしても盛り上がりそうです。

# トンネルくぐり

 支える

1歳児 前半

### あそび方

1. 保育者は、子どもの正面から少し離れたところに足を開いて立ちます。
2. 子どもはハイハイをしながら保育者の足の間をくぐります。

📢 **言葉かけ**
トンネルですよ！ くぐってみてね

💛 **援助のコツ**
はじめは、保育者から子どもに近づいていき、足の間をくぐる感覚を体験すると、無理なくあそべます。

**アレンジ**
## トンネルが増えた

あそびに慣れたら、他の保育者も同様に足でトンネルを作り、トンネルの数を増やしてあそぶと盛り上がります。

**援助のポイント**
徐々にトンネル間の距離を離したり、数を増やしたりして難易度をアップさせましょう。

# 階段よいしょ

1. 子どもは階段のいちばん下から上に向かって、四つんばいの状態で準備します。

2. 階段を一段ずつ手足を使ってハイハイの要領で上がっていきます。

上れるかな

### 言葉かけ
一段ずつ、よく見て上がろうね。1、2…

### 援助のコツ
上る気配がない子には1、2段上に子どもが好きなおもちゃを置いたり、保育者が上から呼んだりして、子どもの気をひきます。

### アレンジ
## 横向きで下りよう
階段を下りるときは、横向きで下りるように促してみましょう。保育者は子どもが下りる先にいて、安全性を確保します。

### 援助のポイント
下りるときは、まずは足を先に下ろすよう声かけをします。

# フープの上をジャンプ

 跳ぶ　用意するもの ● フープ

1歳児　前半

1. フープをバラバラに並べます。
2. 保育者は後ろから子どもの両脇を抱え、持ち上げながらジャンプしてフープのなかに入るようにします。

### 言葉かけ
ジャンプするよ。ぴょん！ぴょん！

### 援助のコツ
子どもが自分でジャンプできたような感覚を味わえるように、ジャンプから着地のタイミングで「ぴょん！ぴょん！」などと声かけをしましょう。

### アレンジ
## グーパーでジャンプ！

あそびになれたら、カラーマットなどをグーパーの形に並べます。同様に子どもの脇の下を抱えながらジャンプしてあそびます。

### 援助のポイント
「グー」のジャンプなどは、足をそろえるように促すとさらに盛り上がります。

67

# 山へジャンプ

跳ぶ　用意するもの　●　マット（クッションまたは座布団）

### あそび方

1. たたんだマットの上に、マットを広げて傾斜を作ります。
2. 保育者は、子どもに「マットの山」をジャンプで上るように促します。
3. 子どもがジャンプを繰り返してマットの山の上まで上れたら成功です。

**注意**
子どものジャンプ力に合わせて、無理がないようマットの傾斜を調整します。

**言葉かけ**
ジャンプ！で山に上れるかな

**援助のコツ**
あそぶときは、両足をそろえるなど、姿勢は気にせず、ジャンプする雰囲気を楽しめるようにしましょう。

### アレンジ
## 山の上からジャンプ

あそびに慣れたら、マットの山の上からジャンプで下りることに挑戦してみましょう。足をそろえて飛ばなくてもジャンプする楽しさを味わえるように援助することが大切です。

えい！

**援助のポイント**
子どもができるだけジャンプしやすいように、傾斜のぎりぎりのところに移動してからジャンプして下りるとよいでしょう。

# いっしょにジャンプ

 跳ぶ

1歳児 前半

1. 子どもと向かい合って両手をつなぎます。

2. 保育者は少し腰をかがめて「1、2ジャンプ！」などと言いながら、子どもを持ち上げるようにして弾ませます。

3. 慣れてきたら、少しずつジャンプの高さを高くしてみましょう。

**注意**
子どもは保育者の親指を握り、保育者は子どもの手を包み込むようにしっかり握って手がはずれないようにしましょう。

**言葉かけ**
ジャンプするよ！
1、2、ジャーンプ！

**援助のコツ**
両手で支えながら、1、2回目は小さくジャンプし、3回目には大きくジャンプします。ジャンプの大きさに合わせて声も大きくしていくとさらに盛り上がります。

### アレンジ
## リズムを変えてあそぼう

「1、2、ジャンプ！」のかけ声を変則的にしてみても楽しいです。「1…2、3ジャンプ！」など、バラエティー豊かにリズムをつけてあそびましょう。

**援助のポイント**
子どもを引っ張り上げるのではなく、子ども自身がジャンプの準備ができるように、タイミングをゆっくりにしてあそびます。

# 鉄棒ゆらゆら

引きつける　用意するもの ● 鉄棒、マット

## あそび方

1. 子どもは両手で鉄棒を握ります。
2. 保育者は子どもが鉄棒を握ったことを確認したら、子どもの両わきを支えます。
3. 子どもは鉄棒にぶら下がりながら、保育者は子どもの首の後ろとお尻を支え、ゆっくりと体を揺らします。

### 注意
はじめは、鉄棒から手を離しやすいので、鉄棒の下にマットを敷きましょう。

### 援助のコツ
怖がる子には、体より頭が低くならないように注意しながら、子どもの体を両手で支えて恐怖感をなくしましょう。子どもが両手で握っていることを確認しながらあそぶことが大切です。

### アレンジ
## 怖がるときは抱っこしてから

鉄棒にぶら下がることを怖がる子は、はじめに保育者が抱っこしてから鉄棒に触ると安心感がもてます。「抱っこしているから大丈夫だよ」などと、言葉でも伝えると効果的です。

### 援助のポイント
いきなり鉄棒を握らせようようとせず、まずは抱っこして一緒に鉄棒を見ることからはじめると安心感につながります。

# 人間クレーン

**用意するもの** ● ぶら下がり棒（ラップ芯にビニールテープを巻いたもの）、マット

1歳児　前半

### あそび方

1. 保育者はぶら下がり棒の左右の端を持ち、子どもが両手を伸ばして手が届く高さにします。

2. 子どもが両手でぶら下がり棒を握ったことを確認し、ゆっくりと持ち上げましょう。

3. 持ち上げたら、今度はゆっくりと下げて子どもが着地できるようにします。

**注意**
子どもがぶら下がり棒を離してもけがをしないように、マットの上で行うと安心です。

**言葉かけ**
グーンと持ち上げますよ〜！
つかまっていてね！

**援助のコツ**
はじめは、子どもが急に手を離しても危なくない高さに設定し、徐々に高さを上げていくと盛り上がります。

### アレンジ
## 何秒ぶら下がっているかな？

子どもがぶら下がっている間、「1、2…」と数を数えてみましょう。「5数えられるかな？」などと数を設定しても盛り上がります。

1、2、3…

**援助のポイント**
数を数えはじめるときには、「数えるよ」などと、タイミングを知らせましょう。

# 人間ブランコ

### あそび方

1. 保育者は両手を組み、腕のなかに子どものお尻が入るように子どもを後ろから抱きかかえます。

2. 保育者はそのまま「ゆ〜ら、ゆ〜ら」と声をかけながら子どもを左右に揺らしてあそびます。

### 注意
保育者は両手をしっかり組み、子どものお尻が保育者の腕のなかにすっぽりと入るようにして安定させます。

### 言葉かけ
ゆ〜ら、ゆ〜ら、気持ちいいね

### アレンジ
## 脇を抱えてダイナミックに

あそびに慣れたら、子どもの両脇を抱えて同様にあそびます。少しずつ大きく揺らすようにするとさらに盛り上がります。

### 援助のコツ
はじめは小さく揺らします。子どもの表情が見えにくいので、子どもが怖がっていないか、様子を確かめながら行いましょう。

### 援助のポイント
揺れを大きくしたり小さくしたりするのはもちろん、ときどきピタッととめるなどしてリズムをつけると楽しめます。

# マットを倒そう

 押す　　用意するもの　マット、ひも3〜4本

1歳児　前半

### あそび方

1. マットを巻き、ひもで数か所しばって固定します。
2. 子どもに「押してみて！」と促します。
3. 保育者は軽くマットを支え、子どもはマットを力いっぱい押してみましょう。

これを押してね

**言葉かけ**
マットを押してみて！倒れるかな？

**援助のコツ**
保育者は、子どもがマットを押して倒れるときに子どもと反対側にマットが倒れるようにします。

**アレンジ**
### いっしょに転がそう

ひもで丸めたマットを横に倒します。「転がしてみよう」と促し、保育者といっしょに転がしてあそびましょう。

**援助のポイント**
子どもが達成感を味わえるように、保育者は手を添える程度にします。

# 荷物を運ぼう

**用意するもの** 段ボール箱（小さめサイズ）、ガムテープ

### あそび方

1. 段ボール箱を、ガムテープで補強します。
2. フローリングなどすべりやすい床の上に置き、子どもに「押してね！」と声かけします。
3. 子どもは段ボール箱に手をつき、押しながら前で進みます。

これを押してみてね

**言葉かけ**
この荷物を○○のところまで押して運んでね！

がんばれ

**援助のコツ**
すべりやすい床の上であそびます。じゅうたんや突起があるようなところは段ボール箱が引っかかってしまうので不向きです。

**アレンジ**

## 段ボール箱2つにチャレンジ！

小さな段ボール箱を2つ用意して、同様にあそびます。片手を1つずつ置いて2つを一度に押したり、縦に2つ並べて並びを崩さないように押したりしてみるのも楽しいです。

段ボール箱を縦に2つ並べて、上手に押せるかな!?

## すべり台電車

バランス

用意するもの ● すべり台

1歳児 前半

### あそび方

1. 保育者はすべり台のまんなかで腕を伸ばして、踏み切りに見立てます。
2. 腕を上げたタイミングで子どもはすべり台をすべります。

カンカン

#### 💚 援助のコツ
はじめは子どもがタイミングを計れるようゆっくりペースで行います。体のバランスを整えながらすべり下りる動きを促します。

#### 🚩 言葉かけ
カンカンカン！踏み切りがまもなく開きますよ

#### アレンジ
**踏み切りのタイミングを工夫して**

あそびに慣れたら、踏み切りを上げ下げするスピードに変化をつけると難易度が上がって楽しめます。

---

## まるまる、どこのまる？

跳ぶ

### あそび方

1. 保育者は地面に数か所、まるを描きます。
2. 「まるのなかに入れるかな？」と声かけをして、子どもたちがまるのなかに入るように促します。

#### 💚 援助のコツ
どこのまるに入ればよいのか迷う子には、「ここはどう？」などと、提案しましょう。

#### 🚩 言葉かけ
まるのなかに入れるかな？ よ〜い、どん

#### アレンジ
**ジャンプでまるに着地しよう**

あそびに慣れたら、ジャンプでまるからまるへ移動してあそびましょう。

# 1歳児後半

ますます動きが活発になります。早歩きや小走りをしたり、物をまたいだりジャンプしたりすることもできます。

### 援助のポイント

- 言葉でのやりとりができるようになり「自分のもの」という所有意識も強くなるので、トラブルもおきます。保育者は子どもの気持ちに寄り添った援助をしましょう。
- 動きが活発になるので安全性を第一に考え、ベランダの鍵をしめる、危ないものを置かないなどの対策を徹底しましょう。

## 指先タッチ

柔軟性

### あそび方

1. 保育者と子どもで向かい合い、足を伸ばしてすわります。
2. 足の指先を手でつかんでみましょう。

### 援助のコツ

足の指に手が届かないときは、膝を曲げて同様に行うところからはじめるとスムーズです。

### 言葉かけ

足はまっすぐにしてやってみよう！

### アレンジ

**足を広げてタッチ**

あそびに慣れたら、今度は足を広げて同様にやってみましょう。

# 飛行機ヒューン

1歳児 後半

## あそび方

1. うつぶせになり、手をグーにします。

2. 「ヒューン！」と言いながら、床から両腕と両足を浮かせます。両腕はまっすぐ伸ばし、両足は膝から下を立てるようにして曲げましょう。はじめは保育者がお手本を見せるとスムーズです。

### 言葉かけ
飛行機に変身！
ヒューン！

### 援助のコツ
両腕を伸ばすタイミングで顔を上げると姿勢がとりやすいです。腕が上がらないときは、保育者が腕を支えて行います。

### アレンジ
## 手足をパーでスカイダイビング！
両手をパーにして、両足とともに開いて、同様に行いましょう。

### 援助のポイント
手足を広げることが難しいときは、手だけを広げてあそぶだけでも楽しめます。

# 「こんにちは」でぺこり

柔軟性

あそび方

① 保育者と子どもが向かい合い、両足を少し開いて立ちます。

② 同時に「こんにちは」など挨拶をかわしながら、体を前に倒して床に手をつけましょう。

 言葉かけ

元気に挨拶しましょうね
こんにちは！

### 援助のコツ

勢いよく前に倒れるとバランスを崩して前に転んでしまうこともあります。ゆっくりと落ち着いて挨拶しましょう。

## アレンジ
### そのまま左右に揺れてみよう

体を前に倒した状態のまま、片手と片足を順番に浮かして左右に揺れてみましょう。

### 援助のポイント

左右に揺れるとバランスを崩してしまうときは、両手をついたまま、足だけを片方ずつ浮かしてみましょう。

# 跳び箱登山

 バランス

**用意するもの** マット、跳び箱の一段目

1歳児 後半

### あそび方

1. マットの上に跳び箱の一段目を置きます。
2. 子どもは跳び箱に乗り、マットに向かって下ります。これを繰り返しましょう。

### 言葉かけ
登山に行くよ。よいしょ！

### 注意
保育者はマットがずれないように注意しながら、子どもが跳び箱に上って下りるまでそばで見守ります。

### 援助のコツ
「上って下りる」という動作をしながらバランス感覚を養うあそびです。両手を広げるとバランスがとりやすいことも伝えましょう。

### アレンジ
## 跳び箱を増やしてサーキット

あそびに慣れたら、跳び箱の数を増やして何度も上ったり下りたりできるようにしましょう。保育者は要所にいて、けがのないようにサポートすることが大切です。

### 援助のポイント
はじめは、跳び箱をつなげてその上を歩き、慣れたら少しずつ距離を離すと楽しんで取り組めます。

# 飛行機バランス

バランス

### あそび方

1. 保育者の腰を子どもの両足で挟みます。

2. 保育者は両手で子どもの胸を支え、子どもの胸が開くように抱えます。子どもは飛行機のように両手を広げましょう。

3. 保育者は子どもの体をしっかりと支えながら、上下左右に動かします。

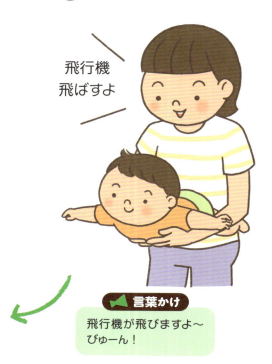

飛行機飛ばすよ

#### 言葉かけ
飛行機が飛びますよ〜
びゅーん！

#### 援助のコツ
視界の変化を楽しめるように、いろいろな方向に体を傾けましょう。そうすることでバランスをとる力が養われ、同時に体を支える力も育ちます。

### アレンジ
## 横抱きで飛行機

あそびを怖がるときには、子どもの両足の間から片腕を入れて、横向きに抱っこすると安定し、胸でしっかり支えられます。

#### 援助のポイント
まずは、保育者は膝立ちにして高さを調節します。慣れてきたら立ち上がるなど、徐々にあそびの難易度を上げていきましょう。

# 波のり背中

1歳児 後半

## あそび方

1. 保育者はうつ伏せになります。

2. 子どもは、バランスをとりながら保育者の背中に乗りましょう。もう1人の保育者が子どもと手をつなぐなどして落ちないように援助しましょう。

### 言葉かけ
背中に乗ってみてね。両手を広げるとバランスがとりやすいよ

### 援助のコツ
子どもには保育者の顔が見えにくいので、「乗れるかな?」「居心地はどうですか?」など声かけを積極的にしてコミュニケーションをとりましょう。

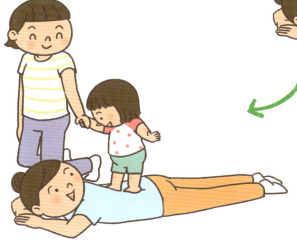

## アレンジ

### 背中から足へ移動できるかな

あそびに慣れたら、背中だけでなく、お尻〜太もも〜ふくらはぎ〜足まで移動して、また同様に背中に戻ることに挑戦してみましょう。

### 援助のポイント
足に移動するときに、子どもが歩きやすいように、保育者は足をそろえましょう。

# 丸太から落ちないで

### あそび方

1. 保育者はうつ伏せになって横になります。

2. 子どもは、保育者の背中に乗ります。もう1人の保育者が、子どもと手をつなぐなどして落ちないように援助しましょう。

3. そのまま、保育者はゆっくりと横に回転します。子どもは保育者の回転に合わせて、歩くようにバランスを取りながら体の上に乗ります。

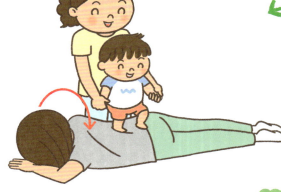

**言葉かけ**
ゆっくり回るから、落ちないでね!

**援助のコツ**
はじめはゆっくりと回転し、子どもがバランスを取りながら立つことに慣れたら、徐々に回転を速くしましょう。

---

**アレンジ**

## 反対回転をしてみよう

あそびに慣れたら、保育者は反対回転をしてみましょう。子どもは同様に背中から落ちないようにします。

### 援助のポイント

子どもはバランスのとりやすい向きで立ちましょう。保育者の頭の方を向いて、横歩きでバランスをとる形でもOKです。

# 積み木の上をGO

支える

1歳児 後半

**用意するもの** ● 大型積み木（子どもが乗れる高さのもの）

### あそび方

1. 子どもは、並べた大型積み木の上にまたがり、両手の指を開いて手を前につきます。

2. 保育者の「お尻もポン！」の合図で子どもは両手にお尻を近づけるようにして前に進みます。

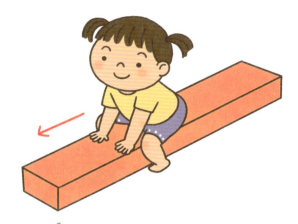

### 言葉かけ
前に進むよ、お尻もポン！

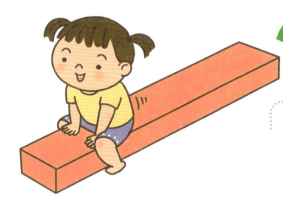

### 援助のコツ
はじめは大型積み木を1つだけにして、あそびに慣れたら少しずつ大型積み木の数を増やして長い距離を進めるようにしましょう。また、積み木に手をつくときは、両手の指を広げるように促します。そうすることで手の力が体に伝わりやすくなります。

### アレンジ

## 友達と電車になって

友達と3人くらい並んで同様にあそびましょう。保育者が声かけをしてタイミングを合わせます。

ポッポー
進みますよー

### 援助のポイント
はじめに、保育者のかけ声を合図に前に進むことを伝えます。「電車に変身するからいっしょに進もう」などと話すと伝わりやすいです。

# トンネルくぐろう  支える

## あそび方

1. 保育者はハイハイの姿勢になり、トンネルを作ります。
2. 子どもは、保育者が作ったトンネルをハイハイで進みます。
3. 保育者はひじを曲げて、徐々にトンネルを低くしていきましょう。

### 言葉かけ
だんだんトンネルが低くなるよ。頭を下げて通ってください～

### 援助のコツ
難易度を上げるときは、ひじを曲げるだけでなく、両足も後ろに少しずらすようにすると、バランスのよいトンネルになります。

### アレンジ
## トンネルを増やそう

あそびに慣れたら、トンネル役の保育者を2人、3人と増やして難易度を上げていくとさらに盛り上がります。

### 援助のポイント
はじめは、トンネル役の保育者がぴったりと横に並ぶとトンネルの長さが短くなってくぐりやすいです。

# クマさん歩きでタッチ！

支える

**用意するもの** ● パペットなどのおもちゃ

1歳児 後半

### あそび方

1. 床に手をつき、ハイハイの姿勢になります。そのまま膝を伸ばして「クマさん歩き」の体勢になります。保育者は離れたところにすわり、手にパペットをつけます。

2. 子どもは、クマさん歩きで保育者のところに行き、パペットにタッチします。

顔を上げてバランスをとる

膝を伸ばしてお尻を上げる

手のひらを開いて、しっかり床につける

#### 言葉かけ
クマさん（パペット）にタッチしてね！

#### 援助のコツ
まずは保育者がやってみせると、子どももまねしやすいです。

#### アレンジ
## なりきりクマさん

パペットではなく、小さなボールをいくつか両手に持ち、木の実に見立てます。子どもは同様にクマさん歩きで保育者のところに行き、木の実をとって食べるまねをしてあそびます。

#### 援助のポイント
子どもが木の実を取ったら「食べてみて。おいしいかな？」などと言い、すわって食べるまねをするよう促します。

# ワニの荷物運び

 引きつける　用意するもの ● タオル

### あそび方

1. うつ伏せになり、胸とおなかは床につけて、ひじを曲げて両手を胸の横に置く「ワニさん歩き」の体勢になります。

2. 背中にタオルを乗せて「ワニさん歩き」をします。右腕を前に出すときは左足を前に出し、左腕を前に出すときは右足を前に出しながら歩きます。

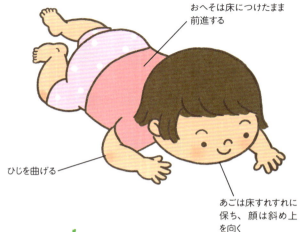

- おへそは床につけたまま前進する
- ひじを曲げる
- あごは床すれすれに保ち、顔は斜め上を向く

### 言葉かけ
ワニに変身してね！背中に荷物を乗せて上手に運べるかな？

### 援助のコツ
まずは保育者がやってみせると、子どももまねしやすいです。

### アレンジ
## ラッコに変身

あそびに慣れたら、おなかを上にして寝転がります。おなかの上にタオルを乗せて、手足を使って上手に進めるかな？

### 援助のポイント
うまく進めないときは、保育者が子どもの足の甲を押さえると進みやすいです。

# 輪っかで引っ張れ

**引きつける**

1歳児 後半

**用意するもの** ● ホースの輪（作り方は44ページ）

### あそび方

1. 子どもは床にすわり、ホースの輪を順手で握ります。
2. 保育者が輪の反対側を持ち、ゆっくりと引っ張ります。子どもはホースを握ったまま、お尻ですべります。

引っ張るよー

### 言葉かけ
しっかり握っててね。引っ張るよ～

### 援助のコツ
フープよりもホースの輪のほうが柔らかく、子どもの力で握りやすいので有効です。子どもの握力をつけるのに役立ちます。

### アレンジ
## 寝転がってズ・ズ・ズ

あそびに慣れたら、子どもはあお向けに寝て、ホースの輪をつかみます。保育者は同様に反対側を持ち、引っ張りましょう。

### 援助のポイント
不安な様子を見せる子には保育者と顔を見合わせながらゆっくり引っ張ると安心します。

# ぶら下がってゆらゆら

1. 保育者は立て膝をして、真横に片腕を伸ばします。
2. 子どもは、保育者が伸ばした腕につかまります。
3. そのまま保育者はゆっくりと立ち上がり、子どもをゆっくりと前後に揺らします。

### 言葉かけ
ゆっくり立ち上がりますよ〜　ぶら下がっててね

### アレンジ
## ぶら下がったままお散歩しよう

あそびに慣れたら、子どもが保育者の腕にぶら下がったまま、ゆっくりと移動してみましょう。

### 援助のコツ
子どもが腕につかまったら、上からもう片方の手で押さえると安定します。

### 援助のポイント
保育者は半そでの服を着ておくと、すべることがないので、子どもは腕にぶら下がりやすいです。また、立って歩くと子どもにとって高すぎるときは、中腰になるなど調整しましょう。

# 色を選んでGO！

跳ぶ　用意するもの　4色のマット

1歳児　後半

## あそび方

1. 4色のマットを絵のように設置します。
2. 子どもたちは真ん中に立ちます。
3. 保育者が「赤！」などマットの色を指定し、子どもたちはその色のマットにジャンプして乗ります。

赤！

### 言葉かけ
何色にしようかな〜
「赤！」（などと色を言う）

### アレンジ
## ウサギジャンプでGO！

あそびに慣れたら、ウサギジャンプで挑戦してみましょう。「ウサギさんたち、青い色に引っ越ししてください〜」などと言いながら動きだしからジャンプで進んでみましょう。

### 援助のコツ
あそびを始める前に、マットの色を子どもたちと確認しておくとスムーズです。

### 援助のポイント
子どもたちがジャンプすると、マットの位置がずれてしまうので、保育者はマットを押さえておくと安心です。

# 鉄棒ブランコ

引きつける　用意するもの　● 鉄棒、マット

### あそび方

1. マットの上に鉄棒を設置します。
2. 保育者は子どもを抱き上げます。子どもは鉄棒をしっかり握りましょう。
3. 保育者は鉄棒にぶら下がった子どものお尻のあたりを支えます。
4. そのまま、ゆっくりと子どもを揺らしましょう。

**注意**
手首や関節が未発達な子どもは、無理してぶら下がらないように気をつけましょう。

**言葉かけ**
揺らしますよ〜。ぶら下がっていられるかな?

**援助のコツ**
子どもが手を離さないように、はじめはゆっくりと小さく揺らします。慣れたら少しずつ大きく揺らしましょう。

### アレンジ

## 鉄棒ぶらりん

子どもが手を伸ばせば届く高さの鉄棒に足がついた状態でしっかり握ります。そのまま足を浮かせてぶら下がってみましょう。

**援助のポイント**
鉄棒の高さは低すぎないことも大切。子どもが背伸びをすれば手が届く高さが最適です。

# マットの山を進もう

 走る

**用意するもの** マット、クッションなど

1. マットの下にクッションなどをしき、山を作ります。これを2つ作りましょう。
2. 保育者の合図で子どもはマットの山を走って越えます。

よーいどん！

### 言葉かけ
マットの山を進んでください〜。よーい、どん

### 援助のコツ
上るときよりも下るときの方が難しいです。保育者はそばでけがをしないように見守りましょう。

## アレンジ
### 後ろ向きでGO！
あそびに慣れたら、今度は後ろ向きでゆっくりと進んでみましょう。転んでけがをしないように、保育者がそばでサポートすることが大切です。

### 援助のポイント
「後ろを見ながら、ゆっくりとね」と言葉かけをし、進行方向（後ろ）を見ながら進むように伝えると転びにくくなります。

1歳児　後半

# こいのぼりを飛ばそう

 走る　用意するもの ● こいのぼり

## あそび方

**❶** こいのぼりを保育者が持ち、子どもはひもの部分を持ちます。

**❷** 保育者がこいのぼりを離すタイミングで子どもは走ります。

### こいのぼりの作り方

ビニール袋の口の部分に穴をあけてひもを通します。飾りつけをしてできあがり。

### 言葉かけ
こいのぼりが落ちないように、走ってね

### ＼注意／
友達や物にぶつからないよう、広い場所で行いましょう。

### 援助のコツ
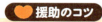
こいのぼりに空気がたくさん入るように、持ち方と離し方を工夫しましょう。

### アレンジ
## 友達と競争しよう

あそびに慣れたら、友達とどちらが長くこいのぼりを飛ばせるか競争しても盛り上がります。

### 援助のポイント
友達とぶつからないよう、こいのぼりを持って走るときは同じ方向に向かって走るように促します。

# ハンドル持って運転手

**用意するもの** ● ハンドル（ホースの輪、フープ、新聞紙で作った輪などを見立てる）

1歳児 後半

1. 保育者と子どもで1つずつハンドルを持ちます。
2. 運転するように自由に右や左に走りましょう。

### 言葉かけ
ブーン！ さぁ、どこに行きましょうか？

### アレンジ
## クラクションもあるよ
あそびに慣れたら、「プップー！」などとハンドルのまんなかを押す仕草をしてクラクションに見立てたり、ハンドルを右や左に回して同様に曲がっても盛り上がります。

### 援助のコツ
スピードを出しすぎて転ばないように、ときどき「信号ですよ」などと、とまるように促します。

### 援助のポイント
子どもがいっせいに走り出すと危ないので、保育者は「こちらに曲がってくださ〜い」などと、進む方向を整理しましょう。

# 風船タッチできるかな

**用意するもの** ● 風船、ひもなど

### あそび方

1. ひもをつけた風船を子どもの手が届く位置にぶら下げます。
2. 子どもはジャンプして風船をタッチ！ 何個タッチできたか、数えて知らせましょう。

**言葉かけ**
風船にタッチしてみよう！
いくつタッチできるかな？

**援助のコツ**
子どもがタッチしやすいよう、室内に長い棒を渡してから風船をぶら下げるなど、環境をうまく利用して設置しましょう。

**アレンジ**
### 色を決めてタッチ！

あそびに慣れたら、保育者が風船の色を決めて、タッチするとさらに盛り上がります。

**援助のポイント**
風船をぶら下げるときは、長さを少しずつ変えると楽しいです。

**外あそび**

## 輪つなぎジャンプ

 跳ぶ　用意するもの ● フープ

1歳児　後半

### あそび方

1. 5個程度のフープを並べます。子どもは1つずつジャンプで進みましょう。
2. 最後までジャンプできたら、今度は折り返してスタート地点まで戻ります。

🧡 **援助のコツ**
上手にジャンプができないときは、保育者が子どもの両わきを抱きかかえてジャンプさせるとイメージがわいて挑戦しやすくなります。

📣 **言葉かけ**
せ〜の！
ジャンプ！

**アレンジ**
### グーパーできるかな
あそびに慣れたら、今度はグーパーの形にしてフープを並べ、同様に挑戦してみましょう。

---

**外あそび**

## ジャングルめいろ

 走る　用意するもの ● ジャングルジム

### あそび方

1. ジャングルジムのなかを、棒をつかみながら進みます。
2. あそびに慣れたら、徐々にスピードアップしてみましょう。

🧡 **援助のコツ**
自由に体の向きを変えて方向転換することが大切です。

📣 **言葉かけ**
こっちだよ〜
こられるかな？

**アレンジ**
### スタート地点とゴールを決めて
スタート地点とゴール地点にそれぞれ保育者が位置し、子どもたちがゴール地点にたどりつけるようにみんなで応援しても盛り上がります。

運動会種目（親子競技）

# どんな乗り物があるかな 遊園地で楽しもう！

ティーカップ、ジェットコースター、メリーゴーラウンドなど、子どもたちが大好きな遊園地の乗り物をモチーフにしたあそびです。怖がらずにできるかな？ 親子で挑戦してみましょう！

## あそび方

1. 最初はティーカップ。保護者は子どもの両わきを抱えてその場でゆっくりと2回まわります。
2. 保護者は、子どもの足の間とわきの下から手を入れて抱きかかえます。子どもは飛行機のポーズで両手を広げます。このポーズのまま、親子でジェットコースターを進みましょう。
3. メリーゴーラウンドでは、保護者の片腕に子どもがぶら下がり、ゆっくりと2回まわります。
4. 魔法のじゅうたんゾーンでは、折りたたんだ段ボール板の上に子どもがすわり、保護者が引っ張ります。スズランテープをくぐってゴールです。

### 用意するもの
- マット
- 跳び箱（1段）
- 段ボール板（ブルーシートでもよい）
- スズランテープ

### 環境構成と保育者の援助

メリーゴーラウンドのときは、子どもの手が離れてしまわないように、ぶら下がっている子どもの手首を保護者がもう片方の手で支えるよう伝えましょう。
魔法のじゅうたんでは、子どもがバランスを崩して転ばないよう、ゆっくりと進む雰囲気づくりをしましょう。

ジェットコースターの作り方
1段の跳び箱の上にマットをかぶせた山を2つ作る

子どもの手が離れないよう、子どもの手を保護者がおさえる

運動会種目（親子競技）

# イモムシをジャンプ！お芋掘りに挑戦しよう

お芋掘りに見立てた運動会種目。イモムシをジャンプでよけて、お芋掘りに挑戦します。はずれのお芋もあるので、気をつけながらお芋掘りを楽しみましょう。

運動会種目（1歳児クラス）

## あそび方

1. マットをかぶせた鉄棒をくぐります。
2. イモムシがたくさん！ ジャンプしてイモムシをよけます。
3. ブルーシートからつるがたくさん出ているところでは、つるを選んで引きます。お芋がでてきたら当たりです。
4. 子どもは当たったお芋を持ち、保護者が子どもをおんぶしてゴールです。

### 用意するもの
- マット（4つ折りタイプがベスト）
- 鉄棒　●イモムシ　●ブルーシート
- つるの先につなげた芋
- つるのみ（はずれの芋）
- 草むら（段ボール板などで作る）

### 環境構成と保育者の援助

鉄棒にかかったマットを押して進めない子は、進みやすいように保育者がマットを少し押すと進みやすいです。イモムシをジャンプするときに、1人でジャンプが難しい子は保護者と手をつなぎながらジャンプするとスムーズです。

**マットをかぶせた鉄棒の作り方**
マットをたたんで鉄棒にかけ、ひもでしばる

**イモムシの作り方**
カラーポリ袋を細長く切り、中に綿を入れる。3～4か所程度を輪ゴムでとめて完成

段ボールで草むらを作ってお芋畑を演出

**お芋の作り方**
①新聞紙を丸めて、色画用紙で包んでお芋のできあがり
②お芋をつるに見立てた綿ロープにつなげる
③綿ロープのみの「はずれ」も用意する

 スタート

ゴール

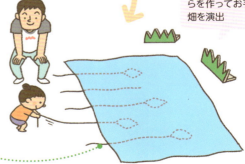

**運動会種目（親子競技）**

# たくさん食べて チョウチョウに変身！

段ボールで作った卵からスタートします。イモムシになった子どもは、たくさんおいしい食べ物を食べてきれいなチョウチョウに変身！ 親子で協力しながらきれいなチョウチョウになってゴールしましょう。

## あそび方

1. 段ボールの卵に子どもが入ります。子どもが卵から脱出して保護者のところまで歩いていきます。

2. 子どもは平均台にかぶせたマットの上を、イモムシのようにハイハイで歩きます。保護者は子どもがマットから落ちないようにサポートします。

3. 子どもは鉄棒に貼ってある食べ物の絵にジャンプでタッチし、食べる動作をしながら鉄棒のトンネルを進みます。

4. チョウチョウのお面と羽を保護者が子どもにつけます。チョウチョウに変身した子どもは風船の花を1つ拾ってゴールします。

### 用意するもの
- 段ボールの卵
- マット
- 平均台
- 食べ物の絵 （いちご、りんご、葉っぱ、バナナなど）
- 鉄棒
- チョウチョウのお面と羽
- 風船の花

### 環境構成と保育者の援助

平均台にかぶせたマットを進むときに怖がる子には、保護者が先に四つんばいで進み、子どもがまねできるようにします。

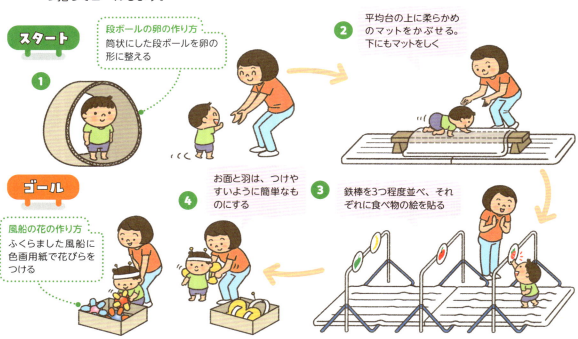

**スタート**
- 段ボールの卵の作り方：筒状にした段ボールを卵の形に整える

**ゴール**
- 風船の花の作り方：ふくらました風船に色画用紙で花びらをつける

- ② 平均台の上に柔らかめのマットをかぶせる。下にもマットをしく
- ③ 鉄棒を3つ程度並べ、それぞれに食べ物の絵を貼る
- ④ お面と羽は、つけやすいように簡単なものにする

運動会種目（親子競技）

# おなかがすいているのは誰？
# 動物たちに食べ物をあげよう

クマ、ウサギ、ワニのいるところまで進み、動物たちの口に食べ物を入れます。子どもたちは動物たちに見つからないように、クマ、ウサギ、ワニに変身して近づきます。スリルとワクワク感を味わえるように演出しましょう。

運動会種目（1歳児クラス）

## あそび方

1. 積み木の上をクマ歩きで進みます。
2. クマの前についたら、食べ物（魚）を口のなかに親子で1つずつ入れます。
3. クモの巣にひっかからないようにウサギになってジャンプして進みます。
4. にんじんをウサギの口のなかに親子で1つずつ入れます。
5. ブルーシートの上をワニ歩きで進みます。
6. 肉をワニの口に親子で1つずつ入れてゴールです。

### 用意するもの
- 食べ物（魚、にんじん、肉などを描いた絵を段ボール板などに貼る）
- 動物たち（クマ、ウサギ、ワニ）
- 大型積み木
- ゴムひも（クモの巣に見立てる）
- 椅子
- ブルーシート

### 環境構成と保育者の援助

動物の口に食べ物をたくさん入れたがる子がいることを予測し、食べ物の数は多めに用意します。子どもが動物を怖がらないように、事前に保護者とあそびの内容を共有しておくと安心です。

クマ歩きができる太さの積み木を用意する

動物たちの作り方
①段ボール箱を2つ重ね、大きく口を開けた動物の顔を描いた画用紙を貼る
②口の部分に段ボール箱ごと穴をあける

長いゴムひもを数か所輪にして椅子の脚にかけ、クモの巣に見立てる

親子でワニ歩きで進む。
子どもだけでもOK

## 1歳児 〈参観日〉日案

恐怖心よりも好奇心のほうが勝つ頃。保護者と一緒の活動なので、いつもよりダイナミックなあそびにチャレンジしてもよいかもしれません。

### ○月○日　もも組

**ねらい**　園の雰囲気や子どもが活動する姿を見てもらい、成長を感じてもらう

**内容**　恐怖心を持ちにくい月齢のため、安全に配慮しながらいろいろな動きにチャレンジする

子どもが自らやってみたいと思えるような活動にする

**準備するもの**
- フープ人数分
- マット3枚
- プールスティック6本
- 鉄棒
- 跳び箱1段

| 時間 | 活動内容 | 予想される子どもの姿 | 環境構成と保育者の援助 |
|---|---|---|---|
| 8:30 | 登園 | ● 元気に登園してくる | ● 子どもの様子を見て普段と違いはないかを確認し、保護者とも健康状態などを共有する |
| | 自由あそび<br>おむつ交換<br>片付け　手洗い | ● お気に入りのおもちゃで楽しむ | ● 子どもどうしがトラブルにならないよう配慮する |
| 9:40 | おやつ | | |
| 10:00 | 参観日開始 | ● 普段の雰囲気と違い泣いてしまう | ● 気持ちが落ち着くように声をかける<br>● 楽しい雰囲気作りをし、気持ちを切り替えられるよう配慮する |
| | 親子で運動あそび<br>●「こんにちは」でぺこり p.78<br>　そのまま左右に揺れる<br>● 波のり背中 p.81<br>　背中の上で足踏み<br>● トンネルくぐり p.65<br>　他の親の足の下もくぐる<br>● 人間ブランコ p.72<br>　大きくブランコ<br>● ハンドル持って運転手 p.93 | ● 先生のまねをして一緒に行う<br><br>● 背中の上でバランスを崩してしまう子<br><br>● 足の下をくぐりたがらない子<br><br>● 楽しくなり何回もやりたいと言う<br><br>● 他の子とぶつかってしまう子 | ● ぶつからない距離感で行う<br>●「おはよう」「さようなら」など挨拶を変えて反復してできるよう声をかける<br>● 保育者が補助しバランスをとりやすくする<br><br>● 大人の足の開く幅を広くし、通りやすくする<br>● 子どもが通る際、大人は屈み、顔を近づけて楽しんでもよい<br>● あと何回やるかを子どもに伝える<br><br>● 他の子を意識できるよう声をかける |
| 10:15 | 〈サーキットあそび〉<br>● ゆらゆらマット p.62<br>● フープの上をジャンプ p.67<br>● 鉄棒ゆらゆら p.70<br>● 跳び箱登山 p.79 | ● 楽しんで参加する<br>● フープを持っていってしまう<br>● 鉄棒を怖がる子<br>● 跳び箱に登れない子 | ● 子どもが自由に遊べる環境設定をする<br>● 親子一緒にそれぞれのブースを回って遊ぶ<br>● 転倒しないよう様子を見ながら揺らす<br>● テープで固定する<br>● 無理強いせず鉄棒に触るなどできることからやってみる |
| 10:30 | 製作など他の活動 | | |
| 11:00 | 水分補給<br>絵本読み聞かせ<br>参観日終了 | ● もっとやりたいと言う | ● 簡単な親子あそびは自宅でも取り入れやすいため、日常的に取り入れ親子で楽しめることを伝える<br>● 親子でスキンシップをとる大切さも伝える |
| 11:10 | おむつ交換　手洗い<br>給食 | | |
| 11:50 | 午睡 | | |

〈環境図〉
跳び箱登山　フープの上をジャンプ
鉄棒ゆらゆら　ゆらゆらマット
●は保育者の位置

100

## 1歳児 〈運動会前〉日案

運動会当日を迎える前に、あらかじめあそんでみることで当日を緊張せずに楽しめるよう配慮します。自分の体をコントロールできる喜びを味わいます。

**運動あそび日案（1歳児クラス）**

### ○月○日　もも組

**ねらい**　自分で体をコントロールしながら動く楽しさを味わう

**内容**　運動会に行う競技を普段のあそびに取り入れることで、運動会当日緊張せずに参加できるようにする

探索行動が活発になる時期のため、自らやってみたいという意欲を高める

**準備するもの**
- 動物の食べ物人数分
- 大型積み木3つ
- 長いゴムひも
- 子どもの椅子3脚
- 鉄棒
- 四つ折りのマット
- 平均台　● マット
- イモムシ　● 段ボール

| 時間 | 活動内容 | 予想される子どもの姿 | 環境構成と保育者の援助 |
|---|---|---|---|
| 8:30 | 登園 | ● 元気に登園してくる | ● 子どもの様子を見て普段と違いはないかを確認し、保護者とも健康状態などを共有する |
| | 自由あそび<br>おむつ交換<br>片付け　手洗い | ● お気に入りのおもちゃで楽しむ | ● 子どもどうしがトラブルにならないよう配慮する |
| 9:40 | おやつ | | |
| 10:00 | 運動あそび開始 | ● 他のあそびをしたいという子 | ● 楽しい雰囲気作りをし、気持ちを切り替えられるよう配慮する |
| | 動物にご飯をあげよう<br>● 積み木の上　クマさん歩き | ● ハイハイになってしまう子<br>● クマにご飯をあげる | ● お尻を上げるクマさんが難しい子はハイハイでも◎<br>　形にとらわれず子どもが楽しんで行うことを優先して声をかける |
| | ● クモの巣　ウサギジャンプ | ● うまくジャンプできない子<br>● 楽しんでウサギになりきる子 | ● クモの巣の高さを低くする、子どもと手をつなぎ一緒に行う<br>● 保育者も一緒にやることで楽しさを共有する |
| | ● ワニ歩き<br>〈サーキットあそび〉<br>● 鉄棒とマットのトンネル<br>● 平均台にマットを乗せて<br>　ハイハイ | ● トンネルの先が見えずくぐれない子<br>● 楽しく友達とハイハイできる子 | ● 保育者が手をつなぐ、抱っこして一緒にやってみる<br>● 出来ていることを具体的に伝え認める |
| | ● イモムシジャンプ<br>● 段ボール板の上に乗ろう | ● 揺れを怖がる子 | ● スピードを速くすると揺れが大きくなるためゆっくり行う |
| 10:30 | 水分補給<br><br>自由あそびや戸外あそびなど<br>他の活動 | | |
| | 片付け | ● 片付けたくない子 | ● 次の活動に期待をもてる声かけをする |
| 11:10 | おむつ交換　手洗い<br>給食 | | |
| 11:50 | 午睡 | | |

## すぐに楽しい！ 次の活動の導入にもぴったり！
# 毎日の**ちょこっと**運動あそび 1歳児編

## 前半

### 朝の会の前に
簡単で楽しいあそびを通して、気持ちを高めましょう。友達といっしょにハイハイをして盛り上がり、一日の始まりを楽しく過ごせます。
▶動物ハイハイ（p.64）

### 外あそびに行く前に
力強くダイナミックに動くあそびでパワーをためて、そのままのテンションで外あそびに行きましょう。
▶マットを倒そう（p.73）

### 絵本を読む前に
絵本の読み聞かせの前は、集中力を高めるあそびが最適です。保育者のまねをするあそびで子どもたちの注意をひきます。
▶足をパッピッ（p.60）

### おかえりの前に
集中力が必要で、体を動かすあそびはおかえりの前におすすめ。体のエネルギーは満足するまで使い、保育者の話は集中力をもって聞くのに役立ちます。
▶ゆらゆらマット（p.62）

### 午睡のあとに
まだ眠い、不安定な気持ちがあるときは、保育者が抱っこをして安心感をもたせます。さらに動きのあるあそびをして、元気に次の活動に取り組めるようにします。
▶抱っこでストン！（p.61）

日常のなかで気軽にちょこっと体を動かすあそびの提案の1歳児編です。1歳児はちょうど行動範囲が広がり、体を動かすことが楽しくなってきた頃。だから毎日少しずつでも運動をして、「体を動かすって楽しい！」と感じてもらえるように援助することが大切です。この頃芽生えた感覚は、大きくなっても続きます。ご紹介するのはあくまでも例です。子どもたちの様子に合わせて自由に運動あそびを楽しんでくださいね。

毎日のちょこっと運動あそび（1歳児編）

## 後半

### 朝の会の前に

すわって話を聞く体勢を維持するのは体幹がポイント。保育者の不安定な背中でバランスをとることで体幹が鍛えられ、集中力も高まります。
▶波のり背中（p.81）

### 外あそびに行く前に

クマさん歩きで移動しながら外に行くことで、気持ちが高まり、盛り上がります。普通に歩いて玄関に向かう時間を使って、ちょこっと運動あそびを楽しみましょう。
▶クマさん歩きでタッチ！（p.85）

### 絵本を読む前に

絵本の読み聞かせの前にする手あそびを、体を動かすあそびに変えてみましょう。例えば体を伸ばしてストレッチ効果のあるあそびを楽しむことで、集中力をもって絵本を聞くことができそうです。
▶指先タッチ（p.76）

### 午睡のあとに

午睡後、気持ちの切り替えをしてほしいときは、元気にあそべる子と腕の力を育てるこんなあそびに挑戦！　友達が楽し気にあそぶ姿を見て、きっと参加したくなりますよ。
▶輪っかで引っ張れ（p.87）

### おかえりの前に

保育者が作ったトンネルをくぐって「おうちに帰ろう！」と話し、一日の最後を楽しく終わるように援助しましょう。明日また園に来てあそびたくなるような演出で、期待感をもたせます。
▶トンネルくぐろう（p.84）

103

# 2歳児の運動あそび

自分の体を自由に操作できるようになる2歳児は、月齢ではなく動きの種類で分類しました。よりダイナミックな動きを通して、友達と一緒にあそぶ楽しさも経験し、競争したり、協力したりしてあそびの幅も広がります。保育者は、大人が必要な場面を見極めて援助することがより大切です。

ゴロゴロ…
友達といっしょにマットの上を転がろう！
みんなといっしょなら楽しいね。

ぴょん！

マットとマットの間をジャンプ！
両足で跳ぶことができるよ。

## よーいどん！

友達といっしょに、
ぞうきんがけ競争！
どっちがはやいかな。

## えいっ！

ボールを的に通すあそびだけれど、
的にも触ってみたい…

## どんどん走ろう！

くねくね道もへっちゃらだよ！
みんなで走ろう！

## はやくやってみたい！

ワクワクしながら次の運動あそびの説明
を聞いています。はやくやりたい！

# 走る

3歳までの脚力発達期に大切な「走る」動作。自分自身で自由に体を動かしながら、たくさんの「走る」を経験できるようしましょう。

### 援助のポイント

- はじめは広いスペースを使って、自由にのびのびと走る経験ができるようにします。
- 次は、走る方向を変えたり、体勢を変えたりする経験ができるようにしましょう。
- 友だちと競争して走るのも楽しいです。

## 楽しく元気に走る

「走る」って楽しい！　風をきって「走る」って気持ちいい！　こんな気持ちを味わうと走ることに積極的に取り組めます。

2歳児　走る

## 物を持って走る

走る動作に慣れたら、物を持ったり、凹凸のある場所を走ったりして、難易度をアップさせても盛り上がります。ぞうきんがけは、手と足が連動しないとうまく進めません。楽しみながら、足腰を強くしていきましょう。

## 友達と一緒に走る

わ～い

一緒に風をきって走るだけでなく、競争してワクワク感を味わうのも、友達と一緒だからこそ。友達とあそぶ楽しさを実感できます。

## 自由に向きを変えながら走る

直線を走るだけでなく、自分の意思通りに体が動く経験を重ねることは大切です。止まったり走ったり、向きを変えたりして、自分の意思と体の動きが一致するようにします。

107

# クマさんぞうきん

 走る　　用意するもの　子どもの手形入りぞうきん

## あそび方

1. ぞうきんに油性ペンなどで指を開いた子どもの手形を描きます。
2. 子どもは、ぞうきんに描かれた手形に合わせて、ぞうきんがけの要領で走ります。

### 言葉かけ
ぞうきんの手形に合わせて、手を広げてね

### 援助のコツ
子どもどうしがぶつかったり、床に顔をぶつけたりしないように、はじめは短い距離でゆっくりと、徐々にぞうきんがけをする距離を伸ばします。

### アレンジ
## ぞうきんがけでよーいどん

あそびに慣れたら、スタート地点とゴール地点を決めて、お友達と競争しても盛り上がります。
急いでぶつからないように見守りながら行いましょう。

### 援助のポイント
スタート地点とゴール地点を一直線にして、全員が一方向に向かって走るようにすると、ぶつかる危険が軽減されます。

# チョウチョウになってとまれ

走る

### あそび方

1. みんなでチョウチョウに変身します。両手を広げてパタパタとさせましょう。
2. 両手を上下に動かしながら小さく回ったりその場で回転したりしてチョウチョウがはばたく様子をまねします。
3. 保育者の「とまれ」の合図でピタッととまりましょう。

 **言葉かけ**
チョウチョウに変身！ さあ、どこに飛んでいこうかな？

**援助のコツ**
回ってばかりいると目がまわって不安定になるので、できるだけ広い場所を使い、自由に進行方向を変えて走れるようにしましょう。

### アレンジ
## どこにとまろうかな

あそびに慣れたら、子どもどうしでどこにとまるかを決めても盛り上がります。「ピアノ」や「先生」など、保育室のなかにあるものや人をとまる対象にしてあらかじめ決め、「とまれ」の合図は保育者がします。

**援助のポイント**
どこにとまるか決まらないときは「ピアノはどう?」などと、保育者がアイデアを出してもよいでしょう。

# 長なわに沿っておいかけっこ

**用意するもの** ● 長なわ

1. 床に長なわを円状に置きます。
2. 保育者と子どもでどちらに向かって走るか相談し、スタートします。
3. 円に沿って交互に追いかけたり逃げたりしてあそびましょう。

### 📢 言葉かけ
先生がオニになるね。スタート！ 待て待て！

### 🧡 援助のコツ
バランスをとりながら走るのは難しいので、急ぎすぎて転倒しないよう、保育者がときどき立ち止まるなどして調整します。

### アレンジ
## 長なわの形をアレンジ

円状にした長なわに沿っておいかけっこをすることに慣れたら、子どもと相談しながら長なわを追加したり形を変化させたりしてあそびましょう。難易度がアップしてさらに楽しめます。

### 援助のポイント
あまり難しすぎないように、保育者がバランスをとりながら長なわの置き方を工夫します。

# ティッシュをキャッチ!

 走る

**用意するもの** ● ティッシュペーパー（2枚組になっているところを1枚にはがす）

1. 保育者はティッシュペーパーを1枚持ち、腕を上げてスタンバイします。

2. 子どもは落ちてくるティッシュペーパーが床に落ちる前にキャッチできるようにスタンバイします。

3. 保育者がティッシュペーパーを落とし、子どもが走ってキャッチできたら成功です。

### 言葉かけ
ひらひらとティッシュペーパーが落ちるよ。つかまえられるかな？

### 援助のコツ
ティッシュペーパーをキャッチすることが難しい場合は、大きなハンカチなどにするとつかみやすいです。

## アレンジ
### 折り紙の雪を降らせよう

あそびに慣れたら、折り紙の切れ端を小さくちぎったものを箱に入れて、同様に高いところから降らせます。子どもたちは、小さくちぎった折り紙をキャッチしてあそびます。

### 援助のポイント
一度に何人もキャッチしようとするとぶつかってしまうこともあるので、1人ずつあそぶと安全です。

2歳児　走る

# タオル電車で通り抜け

**用意するもの** 大型積み木、タオル

1. 子どもと保育者で大型積み木をバラバラに置きます。
2. 子どもが前、保育者が後ろに立ち、2本のタオルの両端をそれぞれ持ちます。
3. 大型積み木をよけたり、間を通ったりしながら電車ごっこをしてあそびます。

### 言葉かけ
タオル電車が出発しますよ〜

### 援助のコツ
曲がる動きをたくさん経験できるように、大型積み木の周りをぐるりと回ったり、カーブを増やしたりできるよう置き方を工夫しましょう。

### アレンジ
## お客さんを乗せて

あそびに慣れたら、今度は保育者と子どもの間にもう一人お客さん役の子どもを入れて同様にあそびましょう。タオルはフェイスタオルやバスタオルなど長めのものを使います。

### 援助のポイント
間に入ったお客さん役の子どもも、タオルをしっかり握ってあそぶように促しましょう。

# 電車が走るよ

 走る

**用意するもの** 長なわ、タオル

## あそび方

1. 床に長なわを円状に置きます。これを線路に見立てましょう。
2. 子どもが前、保育者が後ろに立ち、2本のタオルの両端を持ちます。
3. 線路に沿って進みながら「出発！」と「ストップ！」を繰り返してあそびます。

 **言葉かけ**

線路に沿って電車が出発しま〜す！

### 援助のコツ

保育者が「出発」「ストップ」の号令をかけます。すばやく動いたりとまったりする練習に役立ちます。

**アレンジ**

## 駅を作って電車ごっこ

大型積み木を駅に見立てて置き、駅が近づくと徐々にスピードダウンしてストップするようにしても楽しめます。このときは、長なわを2本つなげるなど、できるだけ線路を大きく使いましょう。

### 援助のポイント

とまるところがはっきりしているので、号令は子どもがかけてあそぶと盛り上がります。

2歳児 走る

# ヘビを踏まずに進め

用意するもの ● 長なわ

1. 長なわを2本使い、ヘビのように蛇行させながら置きます。

2. 子どもは長なわ（ヘビ）を踏まないように進みましょう。

### 言葉かけ
くねくねへびさんに触れないように、進もう！

### 援助のコツ
スピードを出しすぎるとバランスを崩して転倒してしまうことも。まずはゆっくりと進むように声かけをします。

### アレンジ
## かえりはクマさん歩きでスタート地点へ

全員がゴールできたら、今度はクマさん歩きでスタート地点に戻りましょう。疲れると顔やお尻が下がってしまうので、クマさんの姿勢を維持できるようにゆっくりと進むように促します。

### 援助のポイント
バランスを崩して顔を打たないよう、保育者はゆっくりと手足のリズムをそろえて歩くように伝えます。

# ボールをひろってポン！

**用意するもの** ● ボール、ボールと同じ色の容器

1. スタート地点を作ります。少し先にさまざまな色の容器を置いておきます。
2. 容器とスタート地点の間に容器の色味と同じ色のボールを置きます。
3. スタートの合図とともに子どもはボールを拾い、同じ色の容器に入れていきます。
4. 入れ終わったら再びスタート地点に走って戻ります。

### 言葉かけ
ボールと同じ色の箱に入れてね

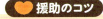

### 援助のコツ
ボールの色と同じ色の容器探しに戸惑う場合は「緑色だね。入れるのはどれかな?」などとヒントを与えてみましょう。

## アレンジ
### おもちゃを仕分けよう

ボールのかわりに、おもちゃやぬいぐるみなどを使ってあそんでも楽しめます。あそびながらお片づけもできるので生活習慣のなかに取り入れても◎。

### 援助のポイント
あらかじめ「おもちゃをもとにあったところに戻そうね」と言ってあそぶと、片づけるという習慣づけにも役立ちます。

2歳児 走る

# 引く・引きつける・押す

腕や肩の力を必要とする「引く力」「引きつける力」「押す力」。押す力は「支持力」につながり、引く、引きつける力は「懸垂力」になります。

### 援助のポイント

- ふだんの生活の中では経験しにくい動作です。ときにはダイナミックに動くよう、物を利用するなど工夫しながら積極的に取り入れましょう。
- ハイハイやクマさん歩きの経験は支持力を育て、ワニさん歩きの経験は懸垂力につながります。あえて手足を使って歩くあそびを楽しみましょう。

## 体の位置を変えて「引く力」と「押す力」を経験しよう

例えば、対象物を移動させるときに、体を利用して「引く力」を使ったり、反対に対象物の後ろに回り込んで「押す力」を利用したり。どちらの方が移動させやすいか考える経験も大切です。

よいしょ、よいしょ！

## 「押す」という操作で対象をコントロール

自分の体をどのように使ったら効果的に「押す」ことができるのか、経験を通して学べるように援助しましょう。

## 体を使って「引く力」を養う

対象物を引っ張って移動させるときは、腕の力だけでなく、肩の力、指の圧力なども必要になります。

ぶら〜ん

## 「引きつける力」を使ってしがみつく！

腕の力を使ってぶら下がる、よじ上るなど、手足の力で体を支える力を育てましょう。「引きつける力」は手足を上手に使って体を支える経験によって育ちます。

# ミノムシごっこ

**用意するもの** ● ホースの輪（作り方は44ページ）

1. 子どもはあお向けになります。
2. 保育者はホースの輪を持ち、反対側は子どもが逆手で持ちます。
3. 「引っ張るよ」と声かけをして、保育者はホースを引っ張り、子どもは両手でホースにしがみつきます。

引っ張るよー！

### 言葉かけ
ミノムシさんになってしっかりつかまっててね

### 援助のコツ
子どもはひじを曲げてホースを握るようにすると、懸垂力が育ちます。ホースの輪は伸縮性があって握りやすいのでフープよりも使いやすいです。

### アレンジ
## 腹ばいになっておさかなごっこ

あそびに慣れたら、子どもは腹ばいになって同様にあそびます。けがにつながらないようにゆっくりと引っ張りましょう。

### 援助のポイント
腕を床にすってけがをしないように、できれば長袖を着てあそぶと安心です。

# ギュッとつかんでマット引き

**用意するもの** ● マット

1. 保育者はマットを1枚用意して、少し離れた場所にゴール地点を設定します。
2. 子どもはマットのふちを両手でつかみ、後ろ向きで引っ張って進みます。
3. ゴール地点まで引っ張ることができたら成功です。

ここまでお願いします！

### 言葉かけ
ゴールまでマットを引っ張ってね！

### 援助のコツ
すべりどめがあるマットは、すべりどめ部分が上にくるように置きます。

## アレンジ
### マットで魔法のじゅうたん

子どもはペアになり、1人はマットの上にすわります。もう1人は保育者と一緒にマットを引っ張ります。ゴール地点まで引っ張ったら、交代してあそびます。

### 援助のポイント
あそびに夢中になると、急いで引っ張ることも。スピードを出しすぎるとけがにつながるので、保育者が「ゆっくりね」などと声かけをして落ち着いてあそべるように援助します。

2歳児　引く・引きつける・押す

# 怪獣に負けるな！

1. 子どもは保育者の足の甲にすわり、足にしがみつきます。
2. 保育者は足を上げて、怪獣のまねをして歩きます。
3. 子どもは保育者に振り落とされないようにしっかりとしがみつきます。

ガオ〜

### 言葉かけ

ガオー！ 怪獣だぞ。落ちないようにしっかりつかまっていてね

### 援助のコツ

足の甲を少し上へ向けると、子どものお尻にフィットします。子どもがつかまっている足を保育者が下ろすときは、子どもを踏まないように気をつけましょう。

### アレンジ

## おサルの赤ちゃん

保育者は床に手をつき、膝をのばした状態で四つんばいになります。子どもは保育者の首に手を回し、背中に足をひっかけてしがみつき、同様にあそびましょう。

### 援助のポイント

子どもが両手両足を使って、しがみつく力が育ってからあそびましょう。

# ワニさん歩きでトンネルくぐろう

## あそび方

1. 子どもはワニさん歩きの体勢になります。
2. 保育者は絵のようなさまざまな体勢になり、足でトンネルを作ります。
3. 子どもはワニさん歩きで保育者のトンネルをくぐります。

- おへそは床につけたまま前進する
- ひじを曲げる
- あごは床すれすれに保ち、顔は斜め上を向く

### 📢 言葉かけ
ワニさん歩きでトンネルくぐれるかな？

### ♥ 援助のコツ
四つんばいでくぐるのではなく、ワニさん歩きでくぐるのがポイントです。最初はくぐりやすいトンネルから徐々に低くしていくとよいでしょう。

### アレンジ
## 難易度を体勢で工夫しよう

保育者のおなかの下を通ったり、わきの下をくぐったりすると、保育者自身も体勢が苦しいのでゆっくりと通れなくなります。トンネルも狭くなるので難易度アップには最適です。

#### 援助のポイント
「先生苦しいから早く通れるかな？」などと言って盛り上げながら、子どもの意欲につなげると効果的です。

2歳児 引く・引きつける・押す

# オニを動かせ！

 押す　用意するもの　長なわ

1. 床に長なわを円状に置きます。
2. 保育者は円のなかの端に正座をしてすわります。
3. 子どもは保育者の背中を押して、円の反対側まで移動させましょう。

### 言葉かけ
先生はオニだよ。円の反対側まで動かせるかな？

### 援助のコツ
保育者は長ズボンと靴下ですわるとすべりやすいです。子どもが1人では難しいときは、何人かの友達と協力しながら挑戦しましょう。

## アレンジ
## オニを引っ張れ！

保育者は、円のなかに同様にすわります。子どもは円の外から保育者をつかまえ、腕を引っ張って保育者を円の外に出します。

### 援助のポイント
最初は子どもから少し逃げるようにして、引っ張る動きにオニごっこの楽しさを味わえるようにしましょう。安全面に配慮し、保育者は引っ張り返さないようにします。

# 力いっぱい押そう

### あそび方

1. 保育者はあお向けになり、子どもは保育者の頭をはさんで立ちます。
2. 保育者は手を子どもの方に伸ばし、両足を上げます。
3. 子どもは保育者の足を床のほうに押しましょう。

 **言葉かけ**

先生の足を倒してみてね。あれれ、また戻ってきちゃったよ

### 援助のコツ

子どもが押したときに手ごたえを感じるように、タイミングを合わせて足を上下させましょう。子どもは押した実感を味わうことで自分の力を加減することを覚えます。

### アレンジ
## 片足ずつ交互にチャレンジ

あそびに慣れたら、今度は片足ずつ同様に押してみましょう。軽く押すだけでOKですが、スピードが速くなるので、あわてずに確実に押すことが大切です。

### 援助のポイント

ときどきリズムを変えて、変則的に片足を上げると盛り上がります。どのタイミングで足を押せばよいのかワクワク感も味わえます。

2歳児　引く・引きつける・押す

# 上る・下りる

足を使って上る、下りる動作を経験しましょう。不安定な移動なので、自然と両手を使ってバランスをとる練習になります。

### 援助のポイント

- まずは、牛乳パックや大型積み木など、小さな段差を足で上る経験を重ねます。
- 徐々に段差を高くして、手を使ってバランスをとるよう促します。
- 上る動作より下りる動作の方が難易度が高いです。怖がる子には保育者が側にいてサポートを。

## 上ったり、下りたりするうちにバランス力が育つ

上ったり下りたりして移動する経験を通して、自然にバランスをとりながら移動する力が育ちます。体幹を鍛えることにもつながります。

## "利き足"を先に出すとバランスをとりやすい

楽に上ったり下りたりするには、まずは利き足から動きだすと移動しやすいです。走るときも歩くときも、利き足を踏み出していることに気がつきます。

## 「上る」「下りる」力で不安定なところも移動できる

わたしたちの生活でも、常に平坦なところばかりではありません。階段を上ったり下りたりするだけでなく、不安定な場所を移動することもあります。バランスをとりながら移動する力は、生活するうえでも不可欠なのです。

2歳児 上る・下りる

上るぞ〜!

## 手足の力を使って「上る」「下りる」に挑戦

足を使って「上る」「下りる」動作に慣れたら、今度は手足の力を使って挑戦してみましょう。手と足を交互に使って工夫しながら移動することを経験します。

## 「上る」あとには「下りる」がある!

当たり前ですが、「上る」に成功すると「下りる」に挑戦しなくてはいけません。「上る」よりも「下りる」ほうが難しいもの。はじめはすべり下りるなど、楽しく挑戦できるような援助を心がけましょう。

# 背中の上でおっとっと

1. 保育者はうつ伏せになります。
2. 子どもは保育者の背中に上ります。
3. 子どもは背中の上に立って、両手を広げてバランスをとりましょう。

### 言葉かけ
背中の上に立ってみよう。上手に立てるかな?

### 援助のコツ
子どもが背中に上るときに、小刻みに揺れると不安定さが増して難易度がアップします。

### アレンジ
## 四つんばいで挑戦

あそびに慣れたら、保育者が四つんばいになり、同様にあそびましょう。子どもが落ちても痛くないように、マットの上で行うと安心です。

### 援助のポイント
はじめはうつ伏せから少しおなかを浮かせた程度の高さにするなど、徐々に難易度を上げていきます。

# 背中すべり台

### 援助のコツ
子どもをサポートする手は必ず逆手で支えるようにします。そうすることで、子どもが肩の上にのぼったときに支えやすくなります。

## あそび方

1. 保育者はすわり、子どもは向き合って立ちます。
2. 保育者は逆手で子どもを支えながら、子どもは保育者の肩によじ登るようにします。
3. 保育者の肩に子どもが座ったら、保育者の背中をすべり下ります。

### 援助のコツ
しっかり背中がくっついているか確認してからすべりましょう。

### 援助のコツ
子どもを肩に乗せたら、保育者は手を腰の後ろに持っていき、子どもを支えるようにします。

### 言葉かけ
肩までのぼったら背中と背中をぴったんこだよ

---

**アレンジ**

## 立ってチャレンジ！

あそびに慣れたら、立ってチャレンジしてみましょう。このときは、子どもがよじ登るのではなく、逆手で子どものわきの下を持って肩の上に持ち上げ、同様に背中をすべるようにします。

### 援助のポイント
すわってあそぶときより高いので、はじめは怖くないように、前かがみになりながらゆっくりとすべるようにしましょう。

2歳児　上る・下りる

# タオルのつるをよじ登ろう

上る

**用意するもの** ● タオルのつる

### タオルのつるの作り方
タオルを巻いて3つ程度結び目をつけます。長めのフェイスタオルを2つつなげて結ぶと作りやすいです。ほどけないように固く結びましょう。

1. 保育者はタオルのつるを持ちます。
2. 子どもは保育者が持ったタオルのつるに足をかけながら、手足を使ってよじ登ってみましょう。
3. いちばん上の結び目にお尻を乗せることができたら成功です。

### 言葉かけ
タオルのつるによじ登ってみてね

### 援助のコツ
タオルのつるが不安定でよじ登りにくいときは、つるの下の部分を保育者が足で押さえて固定させるとよじ登りやすいです。

### アレンジ
## つるをユラユラ

つるによじ登ることができたら、やさしく左右に揺らしてみましょう。しっかりとしがみついていることができるかな。

### 援助のポイント
落ちても危なくないように、マットの上で挑戦してみると安心です。

# 牛乳パックの階段から下りる

**用意するもの** 牛乳パックで作った階段、マット

1. 牛乳パックで作った階段をマットの上に置きます。
2. 子どもは牛乳パックの階段を上り、再び下ります。

### 言葉かけ
牛乳パックの階段に上って下りられるかな

### 援助のコツ
保育者は近くで見守り、はじめは手をつないでサポートしてもよいでしょう。

---

**アレンジ**

## お尻から下りよう

立って下りるのが怖いときは、手をついて後ろ向きになり、お尻から下りるように促しましょう。安定して下りることができます。

### 援助のポイント
保育者は、子どもの後ろにいて声かけをし、安心感がもてるように援助します。

2歳児　上る・下りる

# 跳び箱から下りよう

 下りる　　用意するもの ● 跳び箱、マット

1. マットの上に2段の跳び箱を置きます。
2. 子どもは跳び箱に上ります。
3. 跳び箱に上ることができたら、今度は下ります。このときお尻から下りるようにし、保育者が子どもの背中に手を添えるなどしてサポートすると安心です。

### 📢 言葉かけ
跳び箱の上に上れるかな？
上れたら下りてみよう

### ❤ 援助のコツ
はじめは跳び箱を1段にして、少しずつ高さを変えていきましょう。

---

**アレンジ**

## 跳び箱サーキットに挑戦

あそびに慣れたら、高さを変えた跳び箱を並べて、上ったり下りたりしてサーキットあそびに挑戦してみましょう。保育者は子どもといっしょに移動して安全を確保します。

### 援助のポイント
怖がって先に進めないときは、保育者が手をつなぐなどして安心感をもたせましょう。

# すねを下りよう

## あそび方

1. 保育者は壁に足をつっぱるようにして横になります。
2. 子どもは、壁を向いて保育者のすねに乗ります。
3. 保育者は少しずつ足の角度を高くします。子どもはすべりながら下りてくるようにしてあそびます。

### 📢 言葉かけ
すべってきてくださいね〜。先生が支えるから大丈夫よ

### 💛 援助のコツ
はじめは足の角度を変えるときに、子どもに声かけをしてから変えるようにすると安心感がもてます。

### アレンジ
## 向きを変えて挑戦しよう!
あそびに慣れたら、子どもは保育者側を向いて同様にあそびましょう。すべり台のように楽しめます。

### 援助のポイント
保育者と向き合うので、「少しずつ上がりますよ〜ズンズンズン…」などと言葉でのコミュニケーションも楽しみましょう。

2歳児 上る・下りる

# 跳ぶ

脚力の1つ「跳ぶ」力は、特に下半身の筋力を使います。膝を使って両足で同時にジャンプすると高く跳ぶことができます。

### 援助のポイント

- 「またぐ」のではなく、「跳ぶ」ためには、両足をそろえることが大切です。
- 両足をそろえて「跳ぶ」準備ができたら、膝を曲げて反動をつけるよう促しましょう。

## ジャンプをすれば届く！

背伸びをしても届かないところも、ジャンプをすれば触ることができます。「触ってみたい」「届くかな」という気持ちが「跳ぶ力」を育みます。

## 前に跳ぶ経験

上に「跳ぶ」だけでなく、前に「跳ぶ」経験を通して、下半身の筋肉の使い方が身につきます。慣れたら、前後に跳ぶなど、バリエーション豊かに跳んでみましょう。

2歳児 跳ぶ

## 着地の体勢もポイント

跳んだあとの着地も大切なポイント。足の筋肉を使ってバランスをとりながら着地することで転びません。

## 膝を曲げて「跳ぶ」と、うまくいく

高く、遠くまで跳ぶには、膝を曲げて反動をつけることが大切。「膝をグッと曲げてジャンプしよう」と具体的に伝えると子どももイメージしやすいでしょう。

## 「片足ずつ跳ぶ」にも挑戦しよう

両足跳びに慣れたら、今度は片足でケンケンをするように跳んでみましょう。不安定になるので、はじめは保育者が手をとって安定させることが大切です。

# 手つなぎグーパー

跳ぶ

## あそび方

1. 保育者は足を開いてすわります。子どもは足の間に立って保育者と手をつなぎます。

2. 保育者が「グー」「パー」と声をかけ、子どもはジャンプして足を閉じたり開いたりします。

### 言葉かけ

グー！ パー！ でジャンプしよう

### 援助のコツ

ジャンプが難しいときは、保育者が子どものわきの下を持って持ち上げるようにして行いましょう。また、ジャンプするときに、子どもと一緒に「グー」「パー」と声を出すとタイミングを合わせやすくなります。

### アレンジ

## 足を閉じたり開いたり

あそびに慣れたら、保育者が子どもを間に立たせたまま足を開いたり閉じたりし、子どもはその逆で足の閉じ開きをしてみましょう。難易度がアップするぶんゆっくりとリズムを合わせて楽しみましょう。

#### 援助のポイント

保育者の動きにつられないようにするため、「グー」「パー」の声かけは子どもの動きに合わせて行います。

# 大波小波をジャンプ

用意するもの ● 長なわ

2歳児 跳ぶ

1. 床に長なわを波のように蛇行させて置きます。
2. まずは保育者がお手本を見せて長なわの上をジャンプします。
3. 子どもも同様にジャンプし、保育者と子どもで左右交互に長なわをジャンプしましょう。

### 言葉かけ
大波をジャンプ！ 次は小波をジャンプ！

### 援助のコツ
続けてジャンプするのは難しいので、ゆっくりとジャンプを楽しめるようにします。

### アレンジ
## 大波小波を自分で作ろう

あそびに慣れたら、子どもが自分自身で長なわを蛇行させて大波小波を作って挑戦してみましょう。自分で作った波をジャンプできると達成感につながります。

### 援助のポイント
子どもが設定した蛇行が難しすぎたり簡単すぎたりする場合は、「ここはもう少しひろげるのはどう？」などと提案して意見を聞きながら調節しましょう。

# 腕の橋を飛び越えろ

### あそび方

1. 保育者2人が手をつなぎます。もう片方の手は絵のように子どもをはさんで手をつなぎます。
2. 子どもは保育者が手をつないだ「橋」をジャンプします。

📣 **言葉かけ**

ジャンプしてね。
せーの！

💛 **援助のコツ**

子どもがジャンプするタイミングで「せーの！」などと、保育者が声かけをしましょう。

---

**アレンジ**

## なわとびみたいに跳んでみよう

あそびに慣れたら連続でジャンプしてみましょう。なわとびのように「1、2！」とタイミングを合わせながら腕を前後に振り、ジャンプすると楽しいです。

**援助のポイント**

はじめに「3回跳ぼう！」などと回数を決めてチャレンジするとスムーズです。

# 同じ色のフープにジャンプ

**用意するもの** ● 大きいフープ（4色を2本ずつ）

1. 4色のフープを並べます。少し先にも色の順番を入れ替えて並べます。
2. 子どもたちは、好きな色のフープに入ります。
3. 両手をウサギの耳に見立て、両足を同時にジャンプする「ウサギジャンプ」で最初に入った色と同じ色のフープに向かって進みます。
4. 最初と同じ色のフープに入ったらゴールです。

### 言葉かけ
最初に入ったフープの色と同じ色のフープに進もう

### アレンジ
## 自分で色宣言！
最初のフープに入る前に子どもが自分で入りたい色のフープを宣言し、ウサギジャンプで入るとさらに盛り上がります。

### 援助のコツ
フープの距離が長いと疲れてしまう子もいるため、子どもの様子を見ながらフープを置く位置を調整します。

### 援助のポイント
同じ色のフープに子どもたちが重ならないよう、順番で始められるようにするとスムーズです。

# ジャンプでタッチ！

## あそび方

1. 子どもと保育者が向かい合って立ち、保育者は手を前に伸ばします。
2. 子どもは膝を曲げて勢いよくジャンプし、保育者の手にタッチします。

### 言葉かけ
ここまで届く？　せーのでジャンプ！

### 援助のコツ
保育者は子どもの様子を見ながら手の高さを調節します。はじめは低めの位置から徐々に高い位置にすると、意欲をもって取り組めるでしょう。

### アレンジ
## 台の上に乗って難易度アップ

あそびに慣れたら、保育者が台などの上に乗り、さらに高くして難易度アップしてみましょう。
少しずつ高さを上げていくと盛り上がります。

### 援助のポイント
「届く」という達成感を味わえるように、子どもの様子に合わせて高さを調節しましょう。

# 片足でピョンピョン

跳ぶ

2歳児　跳ぶ

### あそび方

1. 子どもと保育者が向かい合って手をつなぎ、片足で立ちます。

2. 片足を上げたまま、その場でジャンプをします。これを左右交互にして行います。

3. 慣れてきたら、つま先でケンケンするようにジャンプしてみましょう。

**注意**
子どもがバランスを崩しそうになったときに、急に腕を引っ張ってしまうと肩を痛めてしまうこともあるので気をつけましょう。

**言葉かけ**
かかしさんみたいに、片足でピョンピョンできるかな

**援助のコツ**
バランスを崩しそうになったときは、まずは保育者が両足で立ち、子どもが安定を取り戻せるようにします。

### アレンジ
## 手を離してジャンプ！

あそびに慣れたら、つないだ手を離して各自で片足ジャンプを楽しみましょう。どちらが長くジャンプし続けられるか競争しても楽しいです。

**援助のポイント**
まずは片手だけ離して、徐々に両手を離して各自でジャンプするとスムーズです。

# マットの島から島へ

跳ぶ  用意するもの ● マット

### あそび方

1. マットを縦に並べ、マットの上を両足ジャンプで進みます。

2. 慣れたら、マットとマットの間隔を少しあけて、落ちないように両足ジャンプしながら進みましょう。

#### 言葉かけ
マットの島にジャンプで渡ろう！ 海に落ちないように気をつけてね

#### 援助のコツ
両足でジャンプすることが大切なので、マットの間隔をあけすぎて片足で飛び越えることのないよう、マットの間隔を調節しましょう。

---

**アレンジ**

## ゴールにおもちゃのご褒美を

ゴールにたどりついたら、おもちゃの箱からお気に入りのおもちゃを1つ取ってスタート地点に戻るあそび方も楽しいです。スタート地点にはマットの上を避けて戻ってもよいですが、おもちゃを持って再びマットの上をジャンプで戻っても難易度アップで楽しいです。

#### 援助のポイント
スタート地点にもおもちゃを入れる箱を用意しておきましょう。「たくさんたまったね！」などと話しながら、子どもの意欲につなげます。

# プチプチつぶせるかな？

**用意するもの** 梱包用の気泡緩衝材（40×40cm程度）、養生テープ

## あそび方

1. 床に気泡緩衝材を養生テープで固定します。
2. 子どもはジャンプしてプチプチをつぶします。

### 言葉かけ
ジャンプでプチプチをつぶしてね！

### 注意
同じ気泡緩衝材の上を何人もジャンプすると子どもどうしぶつかってしまうので、1人1枚ずつ用意しましょう。

### 援助のコツ
うまくプチプチがつぶれないときは、子どもの手を支え、同じところでジャンプできるように援助します。

### アレンジ
## リズムに合わせてプチプチつぶし

あそびに慣れたら、お気に入りの歌などを流して、リズムに合わせてジャンプしながらプチプチをつぶしてみても盛り上がります。

### 援助のポイント
まんべんなくプチプチをつぶせているか、保育者がときどき声かけをしてジャンプする場所を変えるよう促しましょう。

# 転がす・投げる

球技の基礎に挑戦します。まずは、「転がす」経験で力加減を学びます。「投げる」動作は肩と腕の力を応用して行います。

### 援助のポイント

- まずは「転がす」経験ができるようにします。目的の場所まで転がすコツを習得できるように援助しましょう。
- 「投げる」ときは、上投げと下投げがあることを伝えましょう。

## 力をコントロールしながら転がす

転がす経験を通して力加減を知りましょう。そっと転がすにはどうしたらよいか経験のなかで学びます。

それ！

## 的に向かって投げる

「投げる」ときに、子どもたちの多くは上手投げを使うでしょう。的を設定すると、投げる方向をコントロールする力を養います。

## 下からすくい投げるように転がす

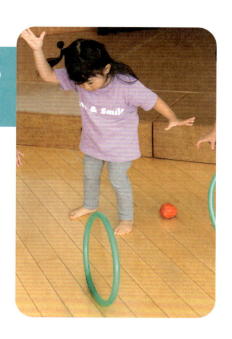

フープなどを転がすときは、下から勢いよく転がします。体を使って反動をつけて転がすとうまくいきます。

2歳児 転がす・投げる

## 肩を使って「投げる」とうまくいく

ボールを手で扱う球技に欠かせない肩の力。投げる動作に慣れたら難易度を上げて、背丈より高い場所に目標を設定すると肩を使って投げるようになるでしょう。

## 下から投げた方が上にあがる

下から勢いよく投げるとボールは上に飛びます。力加減やボールから手を離すタイミングなどを経験から学ぶことができます。

# テープにくっつけよう

**用意するもの** ● 養生テープ、ビニールボール

1. 養生テープを粘着面が上になるように床に貼ります。養生テープの端を裏返すようにして貼りましょう。

2. 少し離れた場所にビニールボールを置きます。

3. 子どもはビニールボールを養生テープに向かって転がし、くっつけてあそびます。

### 言葉かけ
ボールをテープに向かって転がしてね。いくつテープにくっつくかな

### 援助のコツ
投げるのではなく、転がすことを促すために、はじめに保育者がやってみせましょう。

## アレンジ
### テープの数を増やしてあそぼう

あそびに慣れたら、テープを短くして数を増やしてあそびましょう。全部のテープにボールがくっついたら成功！　というルールにしても盛り上がります。

### 援助のポイント
ボールを投げてくっつけようとしないように、あくまでも転がすことを改めて伝えましょう。

# ペットボトルボーリング

**用意するもの** ペットボトル（500ml）、ボール

1. ペットボトルを数本置きます。
2. 子どもは少し離れたところからボールを転がして、ペットボトルが倒れたら成功です。

やった！
ストライク！

### 言葉かけ
ボールを転がしてペットボトルを倒せるかな？

### 援助のコツ
あまり近くから転がしてもペットボトルは倒れにくいです。子どもの様子を見ながらボールを転がす位置を調整しましょう。

**アレンジ**

## ボールの大きさを変えよう

あそびに慣れたら、ボールの大きさを小さくして、片手で勢いをつけて転がすことに挑戦してみましょう。中央に転がすと、全部のペットボトルが倒れるように置き方を工夫すると盛り上がります。

### 援助のポイント
何度もあそべるように、ペットボトルを立てる位置に目印をつけておくと便利です。

2歳児　転がす・投げる

# フープ転がし

**用意するもの** プールスティックの輪、ホースの輪（作り方は44ページ）

1. プールスティックの輪やホースの輪をフープに見立てて数本置いておきます。

2. 子どもたちは好きな輪を選び、保育者の合図で転がしてあそびます。遠くまで倒れず転がすことができた子が勝ちです。

> **プールスティックの輪の作り方**
> プールスティックを丸く輪にして、ガムテープなどでとめます。このとき、中に割りばしなどを入れて補強すると長持ちします。

### 言葉かけ
だれが遠くまで転がせるかな？　よーい、どん！

### 援助のコツ
大小さまざまな大きさで輪を作っておくと、子どもたちが転がしやすいものを自分で選んで転がします。上手に転がすことができないときは、保育者と一緒に転がしてみましょう。

## アレンジ
## 転がした輪が倒れる前にキャッチ!

あそびに慣れたら、子どもたちが自分で転がした輪が倒れる前に追いかけてキャッチしてあそびましょう。そっと転がすとすぐに倒れるし、勢いよく転がすと遠くに行ってしまいます。力を加減して転がすことが必要になり盛り上がります。

### 援助のポイント
キャッチすることに夢中になり、子どもどうしがぶつからないように配慮しましょう。広いスペースで同じ方向に向かって転がすように促します。

# フープの中にホールインワン

**用意するもの** ● 大きめのフープ、ボール（新聞紙ボールでもOK）

1. 大きめのフープを床に置きます。
2. 子どもたちは少し離れたところからフープに向かってボールを転がします。
3. フープの中にボールが入ってとまったら成功です。

### 言葉かけ
フープの中にホールインワン！　できるかな？

### 援助のコツ
新聞紙のボールを使うとフープの中にとまりやすいです。ボールの種類や大きさもたくさん用意するとさらに楽しめます。

## アレンジ
### 何個入るか、競争しよう

投げられるボールの数を決めて、そのうち何個入れられるかを子どもたちで競争しても盛り上がります。

### 援助のポイント
フープの中に入ったボールを数えるときは、子どもたちといっしょに数えると数の練習にもなります。

# 輪のゴールに入るかな

**用意するもの** プールスティックの輪（作り方は146ページ）、ボール

1. 保育者はプールスティックの輪を持ちます。
2. 子どもはボールを持ち、プールスティックの輪をめがけて投げます。
3. 輪の中を通過したら成功です。

### 言葉かけ
輪に向かってボールを投げてね。ゴールに入るかな？

### 援助のコツ
はじめは子どもが投げやすい位置にプールスティックの輪を持ちましょう。慣れてきたら徐々に距離を遠くしたり高さを変えたりして難易度を上げていきます。

## アレンジ
### 天井からぶら下げて連続ゴールをめざそう

プールスティックの輪をいくつか作り、天井などからぶら下げてゴールをたくさん作ります。全部の輪の中にボールを投げることができるかな？

### 援助のポイント
高い位置にある輪は、少し距離をとりふわっと投げる練習にぴったりです。

# 階段からコロコロ

**用意するもの** ● ボール

1. 階段の下であそびます。階段の下に立ち、上に向かってボールを投げます。

2. ボールが上から落ちてくるのをキャッチしてあそびます。

### 言葉かけ
階段の上に向かってボールを投げてね。落ちてくるボールを上手にキャッチできるかな

### 援助のコツ
ボールを上に投げるには、下手投げで投げるとよいことを伝えましょう。

## アレンジ
### 後ろ向きで投げてみよう

あそびに慣れたら、後ろ向きで投げてみましょう。自分の体を越えて、階段の上に投げるために体をそらせることが必要です。何度か挑戦してコツをつかめるように援助しましょう。

#### 援助のポイント
体をそらして投げようとしてバランスを崩してしまうことも。保育者は子どもがけがをしないように近くでサポートしましょう。

2歳児　転がす・投げる

運動会種目（親子競技）

# 動物園に車でお出かけ！
# 親子で動物たちに変身しよう

動物園にいる動物たちに車で会いにいきましょう。到着したら、親子で動物たちに変身してゴールをめざします。上手に変身できるかな？

## あそび方

1. 段ボールの車に子どもが乗り、保護者が引っ張ります。
2. 親子のペンギン歩きでブルーシートの上を歩きます。
3. ウサギジャンプでフープの中を進みます。
4. 保護者の片足に子どもがしっかりしがみつき、コアラに変身。保護者はそのままマットの上を歩いて進みます。
5. 保護者は子どもを肩車してキリンに変身。そのままゴールしましょう。

### 用意するもの
- 段ボールの車
- ブルーシート
- フープ（ホースの輪でもOK）
- マット
- 動物の絵（段ボール板などで作る）

### ♥ 環境構成と保育者の援助
子どもの様子に合わせて難易度を調整しましょう。ペンギンに変身するとき、保護者が足の甲を少しそらすようにすると安定して乗りやすいです。

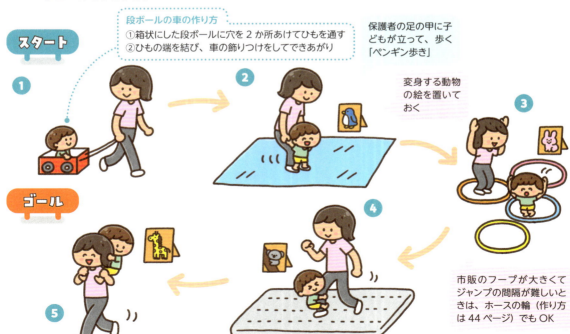

**段ボールの車の作り方**
①箱状にした段ボールに穴を2か所あけてひもを通す
②ひもの端を結び、車の飾りつけをしてできあがり

保護者の足の甲に子どもが立って、歩く「ペンギン歩き」

変身する動物の絵を置いておく

市販のフープが大きくてジャンプの間隔が難しいときは、ホースの輪（作り方は44ページ）でもOK

運動会種目（親子競技）

# 親子で協力して お誕生日ケーキを作ろう！

小麦粉、砂糖、卵にバター…。ケーキの材料を知りつつ、親子で楽しくケーキ作りをします。最後はろうそくがわりのペットボトルを、ボーリングのピンのようにして倒したらゴールです。

運動会種目（2歳児クラス）

## あそび方

1. 子どもを逆向きでおんぶします。子どもは、上からつるした材料の絵を貼った風船（小麦粉、砂糖、卵、牛乳、バター）を全てタッチします。
2. ボウルに見立てた大きなフープを親子で持ち、材料を混ぜるイメージで3回フープを回します。
3. ふわふわのクリームができるイメージで段ボールの筒のなかに親子で入り、キャタピラーのように進みます。
4. ケーキの本体を描いた模造紙の上に、イチゴとクリームの絵を貼ります。
5. できあがったケーキの上にペットボトルをろうそくに見立てて置きます。ボーリングのようにボールを転がしてペットボトルを倒してゴールです。

### 用意するもの
- 脚立や物干し竿など、風船をつるすもの
- 材料の絵（小麦粉、砂糖、卵、牛乳、バター）を貼った風船
- 大きなフープ
- 筒状にした段ボール板
- イチゴとクリームの絵の裏に輪にした養生テープを貼ったもの
- 模造紙に描いたケーキ本体の絵
- 500mlのペットボトル
- ボール

### 環境構成と保育者の援助

材料の絵を貼った風船をつるす高さに変化をつけるともっと楽しめます。フープを回すときは、子どもと保護者が対角線上に位置してフープを握るとスムーズです。

151

運動会種目（親子競技）

# がんばれ！ちびっこ忍者修行！

〈クマさんの術〉、〈忍び足の術〉、〈飛び石の術〉、〈後ろ歩きの術〉など、ちびっこ忍者になるためのさまざまな修行をしましょう。親子で力を合わせて、無事にちびっこ忍者になれるかな？

## あそび方

1. 〈クマさんの術〉ゾーンでは、プールスティック6本をマットの下に置き、保育者がやさしくマットを揺らします。親子でそれぞれクマさん歩きで進みます。
2. 〈忍び足の術〉ゾーンでは、平均台の上にフープを置き、フープに触らないように歩いて進みます。
3. 〈飛び石の術〉ゾーンでは、2段の跳び箱を2つ、少し間をあけて置きます。跳び箱から跳び箱に飛び移り、ジャンプで下ります。
4. 〈後ろ歩きの術〉ゾーンでは、親子でしっかりと手をつなぎ、後ろ歩きでゴールします。

**用意するもの**
- プールスティック
- マット
- 平均台
- フープまたはボール
- 2段の跳び箱

🧡 **環境構成と保育者の援助**

〈クマさんの術〉ではマットの揺らし方を調節したり、平均台では手をつないだりするなど、子どもが無理なく挑戦できるように配慮しましょう。

スタート

滑り止めがついているマットは、滑り止めを上にして設置する

フープのかわりにボールを置いてもOK。その場合テープなどで固定する

怖がるときは保護者が手をつないで子どもがジャンプ！

ゴール

子どもが転ばないようゆっくり歩く

運動会種目（親子競技）

# 上手に届けて！宅配便屋さん

難所を乗り越え、荷物を受け取ったら、ゴールまで荷物を運びます。無事にゴールできるかな？　親子で力を合わせて挑戦してみましょう。

運動会種目（2歳児クラス）

## あそび方

1. 〈バイクで移動しよう〉ゾーンでは、マットの上を横向きで保護者がうつ伏せになり、子どもは保護者の背中に立って乗ります。保護者はゆっくりと回転しながら進み、子どもは保護者から落ちないようにします。

2. 〈どんどん進もう〉ゾーンでは、マットの上を親子でクマさん歩きで進みます。

3. 〈工事中の穴に落ちるな〉ゾーンでは、黒以外の色のフープにジャンプして進みます。黒いフープは穴の設定です。

4. 〈荷物を届けよう〉ゾーンでは、段ボール箱の上に両手を置き、押しながら進んでゴールを目ざします。

### 用意するもの
- マット
- フープ（黒とその他の色）
- ビニールテープで補強した段ボール箱

### 🟠 環境構成と保育者の援助

保護者がゆっくり転がる上を子どもが移動する動きで子どもが落ちてしまう場合は、ゆっくりと転がるように伝えましょう。黒いフープを避けながらジャンプするときは、保護者が色を伝えながら行うとスムーズです。

スタート

スムーズに動けるように、保護者はゆっくりと転がるように伝える

ゴール

子どもが段ボールを押して進み、保護者はそばでいっしょに走る

黒色10個、他の色10個の計20個程度を並べる

## 2歳児 〈参観日〉日案

親子あそびを楽しみながら、友達と一緒にあそぶ楽しさも味わえるようにします。道具や場所の取り合いなど、トラブルが起きないよう配慮します。

**〇月〇日　りんご組**

**ねらい**　親子で一緒に体を動かしてあそぶ楽しさを味わう

**内容**　友達と一緒にあそぶことで喜びや楽しみをより感じ、社会性も育てる

さまざまな動きができるようになるため、少し難しい動きにもチャレンジしてみる

### 準備するもの
- バスタオル各自 2枚ずつ
- ペットボトル 15本
- 大きなボール1個
- 養生テープ
- 小さいボール 10個
- 跳び箱 2〜3段
- マット 2枚
- フープ 5本

| 時間 | 活動内容 | 予想される子どもの姿 | 環境構成と保育者の援助 |
|---|---|---|---|
| 8:30 | 登園 | ● 元気に登園してくる | ● 子どもの様子を見て普段と違いはないかを確認し、保護者とも健康状態などを共有する |
| | 自由あそび | ● お気に入りのおもちゃで楽しむ | ● 子どもどうしがトラブルにならないよう配慮する |
| 9:40 | 片付け　手洗い おやつ | | |
| 10:00 | 参観日開始 | ● 普段の雰囲気と違い泣いてしまう | ● 楽しい雰囲気作りをし、安心して参加できるよう配慮する |
| | 親子で運動あそび | | ● 環境設定に気をつけ、けががないようにする |
| | ● 怪獣に負けるな！ p.120 | ● うまく足にしがみつけない子 | ● 大人の足の甲を少し反らすことで乗りやすくなる |
| | ● ミノムシごっこ p.118 | ● 逆手でフープを握れない子 | ● 子どもに自分の手のひらを見るように伝え、難しいようであれば大人が実際に握る様子を見せ伝える |
| | ● 手つなぎグーパー p.134 | ● うまくジャンプできない子 | ● 跳ぶタイミングの時に声をかけながらつないでいる手をやさしく持ち上げタイミングを伝える |
| | ● 背中の上でおっとっと p.126 | ● バランスよく乗れる子 ● 怖くて参加できない子 | ● うまく出来たときは具体的に褒める ● やっている子の姿を見せ、怖くないことを伝える |
| | ● タオルのつるをよじ登ろう つるをユラユラ p.128 | ● やろうとしない子 | ● 高さを低くし、簡単な設定から始める |
| 10:15 | 〈サーキットあそび〉 ● ペットボトルボーリング p.145 | ● 順番が守れない子 | ● 親子一緒にそれぞれのブースを回って遊べるように設定する ● 順番にあそぶことを伝える |
| | ● テープにくっつけよう p.144 ● 輪のゴールに入るかな p.148 | ● 輪っかを欲しがる子 | |
| | ● 跳び箱から下りよう p.130 | ● 怖くて参加できない子 | ● 輪っかを持つと満足すると思うので、一度渡してみる ● 他のやっている子の姿を見せ、怖くないことを伝える |
| 10:30 | 水分補給 製作など他の活動 絵本読み聞かせ | | |
| 11:00 | 参観日終了 | ● もっとやりたいと言う | ● 今日行ったあそびを家族にも共有して、おうちでも挑戦できるように伝える |
| | 手洗い | | |
| 11:10 | 給食 | | |
| 11:50 | 午睡 | | |

〈環境図〉

各あそびのスタート地点にフープを置くと目印になり、サーキットあそびがスムーズです。部屋のすみにははじめとおわりにすわってお話を聞くマットを置くと便利です。
●は保育者の位置

# 2歳児 〈運動会前〉日案

運動機能がぐっと発達する頃なので、ダイナミックにあそぶ楽しさを味わいます。

運動あそび日案（2歳児クラス）

## ○月○日　りんご組

**ねらい**　友達とふれあい、一緒に楽しむことで、社会性を育てながら体を動かす喜びや意欲を感じる

**内容**　歩く、走る、ジャンプするなど基本的な運動機能が発達する時期のため、ダイナミックな動きを楽しみながら行い行動範囲を広げる

　　　　友達と協力してあそぶ楽しさを経験する

### 準備するもの
- フープ 11 本
- 段ボール
- 平均台
- プールスティック5本
- マット
- ペットボトル15本
- ボール
- 段ボール箱

| 時間 | 活動内容 | 予想される子どもの姿 | 環境構成と保育者の援助 |
|---|---|---|---|
| 8：30 | 登園 | ● 元気に登園してくる | ● 子どもの様子を見て普段と違いはないかを確認し、保護者とも健康状態などを共有する |
| | 自由あそび | ● お気に入りのおもちゃで楽しむ | ● 子どもどうしがトラブルにならないよう配慮する |
| 9：40 | 片付け　手洗い<br>おやつ | | |
| 10：00 | 運動あそび開始 | ● 早く運動あそびをしたいという子 | ● ○○をしたら始めるよ、と明確に分かりやすく子どもに伝える |
| | ● 後ろ向き歩きで歩いてみよう | ● 転んでしまう子 | ● 後ろ向きで歩いたことがない子は後ろに歩く感覚が少ないため転倒しやすい。後頭部を打ちやすいため、はじめはゆっくり歩くよう促す |
| | ● クマさん歩き | ● クマさん歩きを楽しむ | ● 保育者も一緒にやることで楽しさを共有する |
| 10：10 | 〈サーキットあそび〉<br>● フープジャンプ<br>● 段ボールキャタピラー<br>● 平均台の上にフープを置き落とさないように歩く<br>● （プールスティックの上で）ゆらゆらマット<br>● ペットボトルボーリング<br><br>● 段ボール箱を押して進む | ● 両足をそろえてジャンプすることが難しい子<br>● 楽しく友達とハイハイして進む<br>● フープを落としてしまい泣く子<br><br>● 揺れを怖がってしまう子<br><br>● たくさん倒すことができ喜ぶ子<br><br>● 何度もやりたがり取り合いになる | ● 形にとらわれず子どもが楽しんで行うことを優先して声をかける<br>● 上手に出来ていること声をかけ認める<br>● 失敗しても、もう一度チャレンジできるよう声かけをする<br><br>● すわる、もしくは寝て乗ることで恐怖感を減らし楽しめるようにする<br><br>● ○本倒せたね、など本数を伝え喜びを共感し達成感を味わえるようにする<br>● 段ボール箱は1つではなくいくつか用意し、順番に使えるよう伝える |
| 10：30 | 水分補給<br><br>自由あそびや戸外あそびなど他の活動 | | <br>〈環境図〉 |
| | 片付け | ● 片付けたくない子 | ● 次の活動に期待をもてる声かけをする |
| 11：10 | 手洗い<br>給食 | | |
| 11：50 | 午睡 | | |

# すぐに楽しい！ 次の活動の導入にもぴったり！
# 毎日のちょこっと運動あそび 2歳児編

### 朝の会の前に

元気いっぱいの運動あそびで、一日のスタートを楽しくあそべるようにしましょう。ダイナミックなあそびは、一日のはじまりにぴったりです。

▶背中すべり台 (p.127)

▶手つなぎグーパー (p.134)

### 外あそびに行く前に

友達と一緒にあそんで、他者を意識しながら協調性も育てたり、普段あまりしない体の動きを通して体を動かす楽しさを実感したり。外あそびでは、友達と一緒に元気よくあそんで欲しいから、まずはこんなあそびで運動あそびの楽しさを味わいましょう。

▶タオル電車で通り抜け (p.112)

▶ミノムシごっこ (p.118)

さまざまな動きができるようになる2歳児は、毎日、体を動かすあそびに取り組み、満足感や達成感だけでなく、さらに安定した力をつけられるように援助しましょう。特に活動の節目となる5つのシーンは、ちょこっと運動あそびを楽しむチャンス！ 日常のなかで当たり前に運動あそびを楽しむ感覚を身につけましょう。以下にご提案したあそびプランはあくまでも例です。子どもの様子を見ながら、自由に運動あそびを楽しんでください。

毎日のちょこっと運動あそび（2歳児編）

## 絵本を読む前に

しっかり体力を使うあそびで満足して、落ち着いて絵本の読み聞かせをすわって聞く体勢を整えられます。また、すわる体勢を維持するには体幹を鍛えることが大切。保育者の背中に立ち、バランスをとるあそびは、体幹を鍛えるのにおすすめです。

▶怪獣に負けるな！（p.120）

▶背中の上でおっとっと（p.126）

▶フープの中にホールインワン（p.147）

▶ジャンプでタッチ！（p.138）

## 午睡のあとに

寝起きで機嫌がすぐれなかったり、気持ちを切り替えるのに時間がかかったりする場合は、ボールを使ったあそびやジャンプなどのダイナミックな動きを取り入れた、見るだけで楽しいあそびがおすすめ。イキイキと取り組む友達の姿をみて、思わず参加したくなるはずです。

## おかえりの前に

体をたくさん動かしたい、元気いっぱいの頃なので体力をたくさん使うあそびでじゅうぶんにエネルギーを使い、落ち着いた気持ちで一日をしめくくるとよいでしょう。例えば、「クマさんぞうきん」あそびでは、あそびながら保育室の掃除もでき、支持力もつきます。また、「ティッシュをキャッチ！」では、予測しながら体を動かす経験ができ、自分の体をイメージ通りに動かす力に役立ちます。

▶クマさんぞうきん（p.108）

▶ティッシュをキャッチ！（p.111）

# さくいん

13種類の経験させたい動きごとにまとめました

## 動きはじめ

### 1〜3か月
- のびのびピーン！ ……… 22
- にぎにぎハーイ ……… 23
- 足の裏をもみもみ ……… 23
- 足を伸ばしてシャラン！ …… 24
- ギュッとにぎって ……… 25
- ハイタッチ！ ……… 26
- いないいないばぁ！ ……… 27

### 4〜7か月
- お膝でおすわり ……… 28
- 寝返りレッスン ……… 29
- だるまさんグラグラ ……… 30
- 歌いながらガタンゴトン …… 30
- ボールくるくる ……… 31
- お膝で立っち ……… 31
- ここはどこかな？ ……… 32
- 風船ボール ……… 33
- ゆらゆらざっぷん ……… 34
- バスタオルでGOGO ……… 35
- タンバリンタッチ ……… 36
- 外あそび 鉄棒タッチできるかな 37
- 外あそび ブランコゆらゆら … 37

## 柔軟性

### 8〜11か月
- いっしょにぎっこんばったん … 38

### 1歳児前半
- ブラブラ〜タッチ ……… 58
- 肩からくるり ……… 59
- 足をパッピッ ……… 60

### 1歳児後半
- 指先タッチ ……… 76
- 飛行機ヒューン ……… 77
- 「こんにちは」でぺこり …… 78

## バランス

### 8〜11か月
- 抱っこでエレベーター …… 39
- お膝の上で高い高い ……… 39
- 抱っこで上に下に ……… 40
- だるま転がり ……… 45

### 1歳児前半
- 輪っかの中からこんにちは！… 60
- 抱っこでストン！ ……… 61
- ゆらゆらマット ……… 62
- 片足でゆらゆら ……… 63
- 階段よいしょ ……… 66
- 人間ブランコ ……… 72
- 外あそび すべり台電車 …… 75

### 1歳児後半
- 跳び箱登山 ……… 79
- 飛行機バランス ……… 80
- 波のり背中 ……… 81
- 丸太から落ちないで ……… 82

## 支える

### 8〜11か月
- ハイハイ山登り ……… 41
- ハイハイボーリング ……… 42
- プリンのカップでパカパカ … 46
- 外あそび 鉄棒につかまれ！ … 47

### 1歳児前半
- 動物ハイハイ ……… 64
- トンネルくぐり ……… 65

### 1歳児後半
- 積み木の上をGO ……… 83
- トンネルくぐろう ……… 84
- クマさん歩きでタッチ！ …… 85

## 引きつける

### 8〜11か月
- ボール待て待て ……… 43
- 引っ張れ、引っ張れ ……… 44

### 1歳児前半
- 鉄棒ゆらゆら ……… 70
- 人間クレーン ……… 71

### 1歳児後半
- ワニの荷物運び ……… 86
- 輪っかで引っ張れ ……… 87
- ぶら下がってゆらゆら …… 88
- 鉄棒ブランコ ……… 90

### 2歳児
- 怪獣に負けるな！ ……… 120
- ワニさん歩きでトンネルくぐろう ……… 121

## 引く

### 2歳児
- ミノムシごっこ ……… 118
- ギュッとつかんでマット引き … 119

## 押す

### 1歳児前半
- マットを倒そう ……… 73
- 荷物を運ぼう ……… 74

### 2歳児
- オニを動かせ！ ……… 122
- 力いっぱい押そう ……… 123

## 跳ぶ

### 8〜11か月
抱っこでぴょん ・・・・・・・ 43
**外あそび** でこぼこ砂場 ・・・・ 47

### 1歳児前半
フープの上をジャンプ ・・・・・ 67
山へジャンプ ・・・・・・・・ 68
いっしょにジャンプ ・・・・・・・ 69
**外あそび** まるまる、どこのまる？
・・・・・・・・・・・・・・・ 75

### 1歳児後半
色を選んでGO！・・・・・・・・ 89
風船タッチできるかな ・・・・・ 94
**外あそび** 輪つなぎジャンプ ・・ 95

### 2歳児
手つなぎグーパー ・・・・・・ 134
大波小波をジャンプ ・・・・・ 135
腕の橋を飛び越えろ ・・・・・ 136
同じ色のフープにジャンプ ・ 137
ジャンプでタッチ！・・・・・・ 138
片足でピョンピョン ・・・・・・ 139
マットの島から島へ・・・・・・ 140
プチプチつぶせるかな？・・・ 141

## 走る

### 1歳児後半
マットの山を進もう ・・・・・・・ 91
こいのぼりを飛ばそう ・・・・・ 92
ハンドル持って運転手 ・・・・・ 93
**外あそび** ジャングルめいろ ・・ 95

### 2歳児
クマさんぞうきん ・・・・・・・ 108
チョウチョウになってとまれ ・ 109
長なわに沿っておいかけっこ 110
ティッシュをキャッチ！・・・・ 111
タオル電車で通り抜け ・・・・ 112
電車が走るよ ・・・・・・・・ 113
ヘビを踏まずに進め ・・・・・ 114
ボールをひろってポン！・・・ 115

## 上る

### 2歳児
背中の上でおっとっと ・・・・ 126
背中すべり台 ・・・・・・・・・ 127
タオルのつるをよじ登ろう・・ 128

## 下りる

### 2歳児
牛乳パックの階段から下りる 129
跳び箱から下りよう ・・・・・ 130
すねを下りよう ・・・・・・・ 131

## 転がす

### 2歳児
テープにくっつけよう ・・・・ 144
ペットボトルボーリング・・・・ 145
フープ転がし ・・・・・・・・ 146
フープの中にホールインワン 147

## 投げる

### 2歳児
輪のゴールに入るかな ・・・・ 148
階段からコロコロ・・・・・・・ 149

## 🚩 運動会種目

### 0歳児
ほんとはなかよし？「さるかに合戦」・・・・・・・・・・・・・ 48
見たことあるかな？ 恐竜のたまご・・・・・・・・・・・・・ 49
ヒーローに変身！ ちびっこレンジャー ・・・・・・・・・・・ 50
どんなところかな？ 宇宙旅行に行こう！ ・・・・・・・・・・ 51

### 1歳児
どんな乗り物があるかな 遊園地で楽しもう！ ・・・・・・・ 96
イモムシをジャンプ！ お芋掘りに挑戦しよう ・・・・・・・ 97
たくさん食べてチョウチョウに変身！ ・・・・・・・・・・・ 98
おなかがすいているのは誰？ 動物たちに食べ物をあげよう 99

### 2歳児
動物園に車でお出かけ！ 親子で動物たちに変身しよう・・ 150
親子で協力してお誕生日ケーキを作ろう！ ・・・・・・・・ 151
がんばれ！ ちびっこ忍者修行！・・・・・・・・・・・・・ 152
上手に届けて！ 宅配便屋さん・・・・・・・・・・・・・ 153

**著者**
### 栁澤友希（やなぎさわ ゆき）

1985年長野県生まれ。松本短期大学幼児教育学科卒業。2008年より運動保育士として長野県下の幼児教育機関（町村保育園）における運動支援を0～5歳児に行う。父である栁澤秋孝氏が考案した「柳沢運動プログラム®」をもとに、主に0～2歳児に運動あそびや親子あそびを通した乳児期の支援方法を調査・研究。2011年より長野福祉大学校の非常勤講師として勤務。
著書は『0～5歳児の発達に合った　楽しい！　運動あそび』、『0・1・2歳児の発達に合った　楽しい！　運動あそび』（以上、ナツメ社）など。

**撮影協力**
社会福祉法人　松本福祉会
やよい認定こども園
U-SPACE 上田店

**スタッフ紹介**
本文デザイン／株式会社リナリマ
本文ＤＴＰ／有限会社ゼスト
本文イラスト／ヤマハチ、石崎伸子、みさきゆい
撮影／小山志麻
モデル／竹内琉偉くん、牧嶋玲くん、赤井凛香ちゃん
編集協力／株式会社スリーシーズン
編集担当／ナツメ出版企画株式会社（横山美穂）

本書に関するお問い合わせは、書名・発行日・該当ページを明記の上、下記のいずれかの方法にてお送りください。
電話でのお問い合わせはお受けしておりません。
● ナツメ社webサイトの問い合わせフォーム
　https://www.natsume.co.jp/contact
● FAX（03-3291-1305）
● 郵送（下記、ナツメ出版企画株式会社宛て）

なお、回答までに日にちをいただく場合があります。
正誤のお問い合わせ以外の書籍内容に関する解説・個別の相談は行っておりません。あらかじめご了承ください。

### ふれあいを楽（たの）しむ！
### 発達（はったつ）に合（あ）わせた 0・1・2歳児（さいじ）の運動（うんどう）あそび

2025年3月7日　初版発行

著　者　栁澤友希（やなぎさわ ゆき）
発行者　田村正隆
発行所　株式会社ナツメ社
　　　　東京都千代田区神田神保町1-52　ナツメ社ビル1F（〒101-0051）
　　　　電話 03-3291-1257（代表）　FAX 03-3291-5761
　　　　振替 00130-1-58661
制　作　ナツメ出版企画株式会社
　　　　東京都千代田区神田神保町1-52　ナツメ社ビル3F（〒101-0051）
　　　　電話 03-3295-3921（代表）
印刷所　TOPPANクロレ株式会社

©Yanagisawa Yuki, 2025

ナツメ社Webサイト
https://www.natsume.co.jp
書籍の最新情報（正誤情報を含む）はナツメ社Webサイトをご覧ください。

Printed in Japan

ISBN978-4-8163-7674-0
〈定価はカバーに表示してあります〉〈乱丁・落丁本はお取り替えします〉
本書の一部または全部を著作権法で定められている範囲を超え、ナツメ出版企画株式会社に無断で複写、複製、転載、データファイル化することを禁じます。